你不在，
悲傷的我——
這樣生活

梅根・德凡———著

夏荷立———譯

當心神離線、情緒潰堤，
幫你找回所有需要的愛與寬容，守護生命中難以承受之慟

HOW TO CARRY WHAT CAN'T BE FIXED
A Journal for Grief

——————————————— Megan Devine

方舟文化

推薦序 1

每天都是某些人的悲傷紀念日

許禮安
（高雄市張啓華文化藝術基金會執行長、衛生福利部屏東醫院家醫科兼任主治醫師、高雄醫學大學「生死學與生命關懷」兼任講師）

　　曾有癌症末期病人跟我說：「死神從來不放假，就算春節連續放九天，死神一天都沒休息。」從元旦開始，除夕、春節、元宵節、西洋情人節、青年節、兒童節、清明節、母親節、護師節（5月12日）、端午節、七夕情人節、爸爸節、中元節、中秋節、重陽節、教師節、國慶日、世界安寧日（10月第二個週六）、醫師節（11月12日）、聖誕節等，幾乎所有節日都與死亡有關，都是某些人的悲傷紀念日。每天都有人「慶生」，同時有很多人在「送死」；許多人在過成雙成對情人節，同時就有更多人過著孤單與悲傷情人節。

　　如果是活到很老或因病而死，像孔子在《論語》嘆息弟子所說：「斯人也，而有斯疾也。」（這樣的人，怎麼會得到這種疾病啊），即使無法接受，但在親人久病纏身、臥床多年之後，家屬通常可以當成是親人已經解脫病苦而得到安慰。家屬比較難以承受的是英才早逝或是意外猝逝，尤其是白髮人送黑髮人。二二八「和平紀念日」就是個巨大的悲傷紀念日，是台灣社會精英死於非命的歷史傷痕與慘痛忌日，於是我決定在今年二二八的三天連續假期完成這篇推薦序。

　　根據衛生福利部統計：2019年，台灣總死亡人數175,424人，癌症死亡50,232人，占所有死亡的28.6%。2020年台灣總死亡人數173,067人，癌症死亡50,161人，占所有死亡的29.0%。這兩年台灣每年死於癌症都突破五萬人，因此大約每三到四人死亡就有一人是死於癌症。我用這最新統計來計算：台灣平均每天死亡大約480人，其中每天有137人死於癌症。對每天的死者來說，這天就將成為往後的每一年，他（或她）的親朋好友的「悲傷紀念日」。

　　我一向認為：**悲傷不是需要解決的問題，而是需要時間去完成的過程**。外國人說是「未解決的悲傷」，於是悲傷就成為某種問題。我說應該改稱「未完成的悲傷」，依照安寧療護強調「尊重自主權與個別差異」，必須由當事人決定要用多少時間去完成。每個人活在世界上，即使闔家平安，正常依序著生、老、病、死，我們總有一天會成為「成年孤兒」，父母將會離開人間、離我們而去。古人說：「大孝終身慕父母」，父母親過世的悲傷，對孝子孝女而言，甚至永遠無法完成，理當到死為止。

　　不論是疾病或意外導致的生離死別，悲傷總是不請自來的「不速之客」。我說：「**因為有愛，所以悲傷。**」當你愛得越深刻，被命運所迫而離別時，悲傷就會越強烈越持久。現代工商社會講求「快速致富」，醫療體系尋求「快速有效」，連飲食都是速食文化「得來速」，悲傷卻沒有「速成班」，可以讓人「急急如律令」地藥到病除。悲傷者不僅不需要被迫「趕快」恢復正常，甚至不需要恢復到他人所謂的「正常」；就像我認為憂鬱狀態才是我的正常，我就不會被他人強迫（情緒勒索）要趕快恢復快樂。

　　悲傷光是情緒反應就超過十種，不是只有哭泣落淚而已。最強烈的悲傷是「麻木不仁」，這是心理防衛機轉，打擊太過強烈，一時無法反應，就演出「一二三木頭人」，如果沒機會哭出來，到死都只是「木頭」，而非一個「人」。轉向的悲傷則是憤怒，我說：「憤怒三支箭：射向醫護人員，就是醫療糾紛；射向親人，從此家人變路人；射向自己，導致自殘自殺。」悲傷的情緒反應還有：悲哀、愧疚感與自責、焦慮、孤獨感、疲倦、無助感、驚嚇、苦苦思念、解脫感與輕鬆等。

　　我常說：「敢哭敢笑才是真人。多數人都在扮演假人：只敢在社交場合假笑，不敢在眾人面前真哭。」我們或許可以藉由這本《你不在，悲傷的我這樣生活》，創作個人私密的悲傷日記，來宣洩現實生活中不被允許，或無法公開流露的悲傷情緒。悲傷是包括「身、心、靈」的「全人」狀態，就算活得「失魂落魄」都是正常，如同「新冠肺炎」染疫的後遺症：「腦霧」（本書說「日常迷霧」）。當別人要求你「不要再哭了」，你必須寬容對待自己，允許自己可以安心自在、盡情地悲傷。

111-02-27（日）酉時完稿／高雄安居

看見悲傷、認識悲傷、寫下悲傷……
就能不再害怕悲傷

蘇益賢

（臨床心理師，初色心理治療所副所長；專長為心理治療、職場情緒與壓力調節、溝通效能提升、心理學講座與工作坊。臉書粉專「心理師想跟你說」共同創辦人）

在諮商室中，「情緒」一直是重要的元素。隨著一次次的諮商過程，心理師們陪伴個案走過人生困境。這一路上，個案對於自身情緒的覺察、理解，以及能否適當地接納、應對與調節情緒，更是反映出當事人在困境中成長的良好指標。

與個案工作的過程中，在提到情緒時，我發現「水」與「火」一直常被提出作為一種比喻，像是：情緒如洪水般襲來，又或者是情緒像火山一樣爆發。水與火巧妙的形象，似乎與情緒的屬性不謀而合。我們都聽過「水能載舟，亦能覆舟」這樣的說法，火焰也給人們類似的感受。當你熟悉水火的特性，慢慢能善用它們時，水火就能帶來不少幫助；但當你對它們不熟悉，也不清楚該如何使用時，面對水火就變成了壓力，更可能變得危險。

在諮商前期，個案多半把負面情緒與水火「危險」的一面連結在一起；被情緒壓得喘不過氣、被情緒所困是非常常見的困擾。但隨著諮商過程，個案透過再學習與自我省思，最終都能慢慢理解到「水火」其實也具備實用的一面：**負面情緒作為一種生物本能，雖然會讓我們不舒服，卻也同時告訴、提醒著我們各種重要的訊息。**

以悲傷為例。在面對失去至親、摯愛的時刻，悲傷、難過的感覺，其實正提醒著我們，慢下來、停下來吧！此刻，你得細心呵護自己心靈受傷的傷口。不過，在現代社會，這種明明再自然不過的情緒，卻時常被人貼上負面標籤。好比出席告別式時，許多人都會順口向喪親者問候一句「請節哀順變」。似乎一個人就連在遭逢親人去世之時，連「哀傷」的空間與權利都沒有，我們必須管控這些情緒，有所節制……這也使得，悲傷之於多數人而言，變成一種陌生而且不該展露的私密情緒。

　　2019年3月，梅根・德凡的著作《沒關係，是悲傷啊：直視悲傷的真相，練習守護自己與關愛他人的情緒照護指南》（遠流）引進台灣。在此書裡，她帶領著面對各種失去的讀者，理解並尊重失去的歷程，允許自己與悲傷相遇、共處，溫柔而堅定地提醒著正在傷痛中的人們，悲傷是沒有問題的。

　　至今仍印象深刻，在《沒關係，是悲傷啊！》裡頭提到：**悲傷，也是一種愛的形式；若愛不需要解決，悲傷亦然**。在面對悲傷時，一心想著「克服它」反而不符合人性。若我們能找到與悲傷共處之道，悲傷便能轉變為一種愛的證明。不管是正處於悲傷歷程中的讀者，或者是正在陪伴悲傷者的關懷者，都能從她細膩且深具同理的文字中，得到療癒的禮物。

　　非常榮幸能在數年後，看到梅根・德凡的新著作《你不在，悲傷的我這樣生活》在台灣上市。有別於前一本書，本書的定位更「陪伴」一點。在這本工作手冊中，讀者能透過作者溫柔細膩的引導，在紙上這個安全的場域，試著看見悲傷，把悲傷說出來。

　　唯有看見悲傷，我們才能對它更加了解，更加了解之後，才更可能不會去懼怕它。就像是水火一樣，經由理解、覺察帶來的知其所以，能幫助我們發現：**悲傷不是一種需要害怕的感受**。

　　在歐美國家的心理學書籍中，這類工作手冊（workbook）其實非常盛行。有些治療師會搭配工作手冊，鼓勵個案回家後繼續練習，延續諮商效果。更多時候，工作手冊也很適合不一定有時間、有資源接受諮商的民眾閱讀。藉由手冊內文的引導，作者就像是你專屬的悲傷療癒師，每個提問與邀情，都是一帖帖精心設計的良藥。

　　在閱讀本書時我們需要做的事，就和諮商者在諮商室裡一樣，就是試著信任這個空間，試著表達，試著往自己的內心再多看一點。我們無需擔心自己的感受被貼上標籤、被武斷評價；只因為，**每種感受都有其原因，都值得被尊重**。我們只需去看見這些不斷變化的感受，與此同時好好照顧自己。

　　總有一天，每個人都會遇到悲傷。因為陌生而害怕、恐懼或迷惘，都是正常的。但別忘了，試著去認識、看見這些感受，聽聽它們想對我們說的話。同時，在療傷的過程中，維持生活節律，以當下所及的方式照顧好自己。未來有天，這些情緒雖然不會完全消逝，但我們會發現自己能以另一種方式，和這些情緒共處，並且慢慢展開下一步的人生。

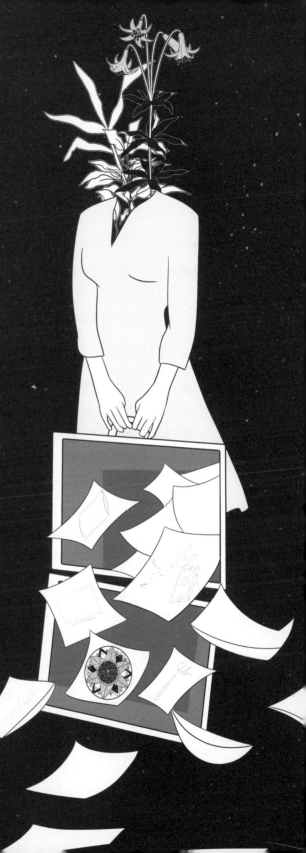

他們進入黑暗中，
聰明的人和心愛的人。

——埃德娜·聖文森特·米萊（Edna
St. Vincent Millay，1892~1950，美國詩
人、劇作家，普立茲文學獎得主）

CONTENTS

Part 3 返回

前言

如何使用這本書（和你的悲傷）
找到自己的途徑

我們常以為悲傷的時候只有兩種選擇——強迫自己捱過去，然後悲傷就此結束，你又會「快樂」起來；或者一直「困」在悲傷之中，鎖在黑暗的房間裡，孤伶伶一個人，披麻帶孝、躲在角落。

它就彷彿一場及格／不及格的人心測驗。

外面有那麼多的資訊關於：療癒悲傷、將過去拋諸腦後、掌控正向思考的力量，好似每個人都覺得你的悲傷是一個需要解決的問題。但問題在於，像對待疾病一樣對待悲傷，不會讓情況變好。

悲傷不是需要解決的問題；它是**一段需要扛過去的經歷**。

想要熬過悲傷活下來，需要找到活在悲傷裡的辦法，亦即活在「一切會變好」與「注定無望」的兩個極端之中。你需要工具來建立與「你的失去」並存的生活，而不是讓那種失去消失。

雖然看似不可能，但你是可以熬過悲傷的。它不會美好如一片陽光與玫瑰，也不會很容易。我在這本書中所提供的一切，都是用來幫助你與悲傷建立關係，並幫你學習如何承受悲傷的，最重要的是，為了你生活下去所必須的一切，幫助你以仁慈找回自己、面對自己。

操作方法

這本日誌是一個說出悲傷真相的地方——說出所有的一切。這是一個讓悲傷展開、成形；想放聲就放聲、需要多久就多久、想糟心就糟心、想痛就痛、想愁就愁、想難過就難過、想甜蜜就甜蜜，不會有人試圖美化它或是催促你前行的地方。在這裡甚至會去注意到美麗的部分，探索讓你的悲傷就算只好那麼一點點的事物。在這

本書裡，來者不拒。

你將會看到超越「談談葬禮」的圖文寫作和繪畫提示，與來自其他傷逝者的鼓勵訊息——這些訊息絕對不是啦啦隊喊話。還有幾份待完成的檢核表和互動漫畫、待寫的愛的祕密短箋，以及用來幫你教育好心的親朋好友、量身打造且方便剪下的小卡。（其中許多是有供下載使用的，請見書末的〈資源〉部分）甚至，還有一個部分是劇本，幫你在令人尷尬的對話中應對起來游刃有餘。

這本書也可以當作日常的定海神針。重讀提示、引言與練習，讓你在悲傷中，每天都有事可做。當生活讓人覺得完全無法承受時，這些試金石就很重要。

關於抗拒

我自己在悲傷期的最初幾個月裡，凡是承諾「讓我的悲傷消失」的一切都讓我感到牴觸。也許你也有這種感覺。天底下沒有什麼可以帶走你的悲傷，這本書做不到，無論什麼資源都做不到。我們所求的並非除去悲傷，反之，我們尋求的是陪伴、承認，以及一切能夠稍稍緩解你心靈和大腦的工具。我想幫助你在基於對自身的認知上，找到仍然存在的愛，並循著它進入所有將要到來的人生。

如果發現自己對這本書中的練習或活動有所牴觸，隨時都可以訴諸於文字或圖畫。去探索它，有時候這會出現有趣的結果。

儘管我的工作與悲傷相關，且大都關係著死亡，不過這本書還是可以用來處理死亡之外的失去。在這本書裡我並沒有提及每一種失去，因此遇到有些地方，你會需要一副翻譯耳機，仔細去聽取與你的生活有關的文字。同樣很重要且需要留意的是，這本書裡所提到的，你不見得都會喜歡。不同的人適用不同的練習。選擇你需要的練習，餘下的則可跳過不做。希望你能找到足夠與你為伴的練習。

那麼讓我們開始吧！

啟動之前

這本日記用來填上文字、畫上圖畫、隨身攜帶，作為你置身風暴中的船錨，甚至於如果時機對了，還可以拋開它，丟到房間的另一邊去。

一開始的時候，有幾個基本的指示可能會對你有所幫助。用不用在於你，你高興就好。

這本書裡的圖表、清單和地圖是用來幫你理解你的悲傷，學習如何在悲傷中**自**

我支持。不論你的人生面對過多少次失去，這都是第一次面對這種失去。對你的經歷要抱著好奇心。

　　請記住，你隨時都可以複習這些練習。就像任何自然的過程一樣，悲傷會隨著時間轉移與變化，你對本書的提示產生的反應也是如此。你第一次做完這本書裡的一個練習所需要的，可能與今天、明天或下週有所不同。一切都是在進展中的工作。

　　如果你不慣於使用提示，這裡提供幾個寫作的說明：

- 定時。說真的。它給你的幫助會讓你感到吃驚。十分鐘會是一個很好的開始。
- 讓你的手不停地動。不停地寫，寫到計時器響起再停筆。
- 萬一你的思路打結了，不妨抄下提示本身。重複提示就像是為已經乾涸的幫浦注水一樣——文字可能需要一點時間才會流出來，不過終究還是會流出來的。
- 提示並非用以辯論的要點，也不是用來討論的主題。它更像是你給自己的一個聯想與創造性心智的跳板——讓它們帶你去到某個地方。
- 當你敞開心扉寫作，就會寫出文字來。向來如此。寫出來的不見得是最好的文字，不見得是輕鬆的文字，不過總是會寫出文字來。畫圖或其他創作行為也是如此。你越常顯現在這些書頁上，越是在書頁上表露自我，這些東西就越自然而然出現。有時候，文字如滾滾洪流般湧出；也有時候，你又感覺它們來得又慢又笨拙。重要的是，你得給自己說話的空間。

創作圖像時的注意事項：

- 眼下你最喜歡哪一種媒材，就用那種媒材。鉛筆、麥克筆、蠟筆，不論哪一種都好。如果光想到畫圖就嚇到你了（即使沒嚇到也一樣），你還能用拼貼去創造圖像。記住，它們是屬於你的圖像，無所謂正確的方法。
- 要開始做拼貼的話，先蒐集一疊雜誌、像樣的剪刀，還要有黏合劑（口紅膠、膠帶、膠合劑等）。腦海中一邊想著提示或練習，一邊翻雜誌，撕下讓你有感覺的圖片。就讓你的心智在一頁頁的雜誌間遊走吧，你甚至不

需要喜歡你所選擇的圖片，有時候，令你感到厭惡的那些東西也有故事可說。這些都不需要說得通，它們也不必是「藝術」。你可以找大張的圖片當背景用，再找幾張小的圖片做前景或是主圖。先在頁面上排好圖片，你可以排了再排，直到你覺得好了，再開始黏貼。

　　將你內心的情感體驗轉為文字和圖像，是一件亂七八糟的活。如果你非要搞得很完美，就會很難說出真話。這本書是要用來收取原始文字與圖像的：草圖、初稿、衝動與意識流。這個地方是用來嘗試東西的。你所創造出來的東西可能不漂亮，但它真的、真的不會是完美的。如果你發現內心那些批評者礙手礙腳的，你就另外給他一本筆記本去畫。給心靈一點共享時間是一件美妙的事，至於批評什麼的，可以排隊慢慢等。

　　這本書不能用來代替治療、其他醫療或心理健康的照顧。我會鼓勵你，拿這本日記裡的練習和探索，與治療師等支援提供者分享。

PART 1

出發
DEPARTURE

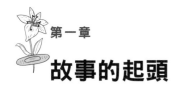

第一章

故事的起頭

說故事和你的悲傷有什麼關係？我的意思是，這又不僅僅限於你所經歷的一些故事。你之所以在這裡看這本書，是因為你失去了某個人，而你不能沒有這個人，你不想過著沒有這個人的生活。將一切打包成一個故事，有開端、有歷程、有結局，最後主角還蛻變成比過去更優秀的人——這套是行不通的。

在死亡與失去的現實中，故事基本上會讓人覺得沒有意義。

不過，在古典的故事結構之中是存在著真相和意義的，尤其是「英雄旅程」（Hero's journey）這部分。如果沒有故事賦予它結構與秩序，有些事可能顯得毫無章法且令人生畏。

英雄旅程以英雄的生活為始，不論快樂或不快樂，通常是滿足多於不安。然後⋯⋯事情發生了。

可能來了一個陌生人，或是軍隊來犯；她失去了寶貴的東西，或死亡毀掉了她所愛的東西。她必須踏上一趟旅程，偏偏她並不想去。

我敢說你也不想來到這裡，悲傷不是一條坦途。但無論如何，我們還是來到了這裡，一起來此，即將上路。即使不情不願，也是這條道路的一部分——

佛羅多：我做不到，山姆。

山姆：我明白。全都錯了。按理說，我們根本不該來此。可是我們來了。就好像在一個了不得的故事裡啊，佛羅多先生，真的很重要的故事裡。充滿了黑暗與危險，真的。有時候，你並不想知道結局。結局怎麼可能快樂呢？發生了這麼多壞事，世界怎麼可能回到原來的樣子？不過最終，這陰影，也不過是過去的事。即便是黑暗也會過去。新的一天會到來。太陽出

來的時候，它會更耀眼。

那些是會留在你身邊的故事。即使你的年紀太小，不明白何故，但那故事是很有意義的。不過呢，佛羅多先生，我確實是懂了。我現在懂了。那些故事裡的人有很多機會可以回頭，只是他們並未回頭。他們繼續前進。因為他們有所堅持。

——摘自彼得‧傑克森（Peter Jackson）導演的《魔戒二部曲：雙城奇謀》

你之所以來做這項工作，是因為你想為自己做點什麼。不論你的悲傷是一趟旅程、一段探險，還是一件你不得不生受著的可怕的事，而你痛恨所有與旅行相關的

隱喻，你還是需要一個開始的地方。利用有創意的事物開始你的這本日記，有助你擺脫思考心智，進入你內心深處的真相。

假設你是這個故事裡的英雄，故事將不只是一個故事，它會超越所有故事——那麼你的出發點在哪裡呢？留意你的周遭。你是不是已經置身黑暗叢林中，你失去的人生之光已經遠遠落在身後，或者那光還投映在你的腳下？你要從哪裡開始呢？

把你的回應畫出來、拼貼出來，或是寫下來。如果你的腦筋真的打結了，不妨就從「我要告訴你事情是這樣的……」開始。

過你現在的生活並不容易，因此說故事就很重要了。既然你已經掌握到一點點方向了，那麼我們就來談談悲傷的現實。

怎樣算是「正常」？

　　由於我們一般不討論悲傷的「現實」，大多數人並未意識到悲傷有許多形式。儘管你的「症狀」可能感覺怪怪的，但有這種感受的很可能不只有你一個。一般的悲傷，涵蓋範圍極廣。

　　即使你曾經在人生的另一段時期經歷過悲傷，以前也從未經歷過這樣特殊的故事。你的悲傷仍可能以一些有趣或令人困惑的方式表露出來。

　　請從下面列表，圈選或劃出你經歷過的症狀。除此之外，你還能添上什麼呢？

- 失眠
- 身體疲憊
- 時間流逝
- 困惑
- 傷心難過
- 憤怒
- 笨拙
- 一天到晚都在睡覺
- 焦慮
- 作惡夢
- 作緊張的夢
- 食慾不振
- 興味索然
- 感覺不屬於自己
- 見到什麼都吃
- 挫折感
- 不真實感
- 孤單寂寞
- 記憶喪失
- 胃痛、胸痛等身體不適
- 閱讀困難

- 注意力集中時間短
- 煩躁不安
- 高度敏感
- 幻疼幻痛
- 人際交往障礙
- 找不到人生意義
- 雞毛蒜皮小事都琢磨其深意
- 哭不出來
- 麻木無感
- 情緒起伏不定
- 噎到或嘔吐
- 日常工作似乎變很混亂
- 病態幽默
- 在車上大喊大叫
- 默默哭泣
- 自覺與人格格不入
- 感覺脾氣暴躁
- 東西買到一半將購物車棄置在雜貨樓層
- 對周遭的一切感到滿滿的愛
- 無法集中注意力

身與心

　　悲傷是一種全身性的體驗。你之所以會這麼累是有原因的；你的體力可能不如前，這是有原因的；你的注意力不集中，即便簡單的事也會讓你感到困惑，這是有原因的。你的心智試圖從那些沒有意義的事情中找出意義來；你的身體嘗試把不可能的事情裝進去裡面。你的全副身心都十二萬分地努力，只為了讓你熬過每一天。

　　利用下面的空白處，寫下悲傷對你身體與精神造成影響的方式。不妨就從「悲傷存在我體內……」這麼一句開始。

　　或者，你也可以在下方的空白處畫出身體的輪廓，再用文字、圖畫或拼貼，描繪出悲傷的影響，找出它們在你的身體裡的位置。用文字或顏色區隔不同的症狀，再用箭頭，道出這些症狀存在於身體或心裡的位置。

　　如果你需要頭緒才能開始的話，可以回頭看看左頁那張症狀列表。

我的大腦為何如此靠不住？

悲傷的時候，認知方面的變化很常見。記憶力、理解力、注意力，這些都需要用到很大的能量，可是你卻無精力可用。不妨把認知的變化想成這樣：假設你每天都有一百個單位的腦力可用。眼下，巨大的悲痛、創傷、難過與孤單卻占去其中九十九個能量單位。僅剩的那一單位的腦力，你用來支應生活中平凡而普通的技能，比方說安排併車共乘與葬禮細節等。這個單位的腦力還得維持你的呼吸、心搏，幫你使出認知、社交與人際關係技巧。記住炊具收入抽屜裡，而不是放冰箱；衛生紙即將用完；你把鑰匙丟在浴室的盥洗臺下方……這些都未排在目前大腦優先處理的重點清單上。利用下方的圓餅圖，標出你的一百個腦力單位目前的分配狀態。占據那99%的是什麼？歸入那1%的又是什麼？

　　因為悲傷會影響你的認知能力（例如，記憶力和集中注意力的時間），所以試試用鬧鐘和便利貼，來幫自己記住細節。

　　必要的話，將整間屋子都貼滿提醒的標籤也無妨。這些東西不會幫你找到鑰匙，卻能夠幫你記住別的事情。

日常迷霧

　　記住這點，初期悲傷都是作用在你的心中和腦海中，不是形之於外。像是搞不清楚今夕是何夕、想不起上一頓是什麼時候吃的，這些都很正常。整整好幾個小時過去了，你卻說不出你到底做了什麼（即便它會令人感到不安），這也是正常的。在這些逝去的、看似沒有做什麼的時間當中，你的身心正在嘗試整合你的失去。這種日常的迷霧就好像清醒與睡眠的循環──**你的心智離線了，這樣它才有辦法療癒。**

　　這也許算不上什麼，但是吃飯、睡覺、喝水，並且在你做得到的情況下移動你的身體等，以上照顧好這具生命體的行為，是你所能做到幫助自己對抗這場迷霧的最好辦法。盡力照顧好自己，記住隨日常時間流逝的這場迷霧終會消散。臣服於失去的時間，讓它去，而不是對抗它，能夠讓熬過悲傷容易些。

　　當你正臣服於似乎毫無生產力，卻必不可少的心智離線時間，請為下一頁的圖著上顏色。

完成事項：一日一日來，活在當下

　　你的心智，就如你身上其他部分一樣，正在盡最大的努力發揮功能，以在困難的情況下生存。悲傷與日常迷霧當真會降低生產力。切勿以你**過去**能做到的來評斷你目前所能完成的，眼下的你並不是那個你。

　　我們來看看你今天做了什麼。就這一天。你是否喝夠了水？刷牙了嗎？做到這些都算勝利。即使只是露臉現身而已，也要獎賞自己。

　　不論做的是多小的事，將今天做的事填入獎盃的獎牌上吧。著上顏色，慶祝這些微小的勝利。

倖存守則

悲傷爆發，入侵你的生活，並重新安排了一切。這可不是日常時候，一般的規則並不適用。過去看起來很容易的事可能變得異常艱難，僅僅是度過一天，所需要付出的努力都比你預期的更多。當悲傷將你的生活縮減到「只是存活下來」這麼小的範圍，這時候，你需要一套新的規則。

在悲傷期的前幾個月，我立下一套倖存守則，提醒我幫助自己度過每一天，或是每一刻。下面是我立的規矩——

1. **安全第一。**心煩意亂的情況下駕駛是危險的。萬一你哭得太傷心，看不清東西，請靠邊停車；萬一你已經覺得心情沮喪了，千萬別開車。

2. **喝水。**連續哭上幾個月不停，真的會讓人脫水。

3. **不論用什麼方法，活動你的身體。**活動無法解決任何問題，但是活動往往會帶來一點平靜。

4. **到外面去。**在外面，置身於非人的世界，是一種放鬆：即使你哭了，樹木也不會在意。

5. **照顧點東西。**打掃院子、為動物刷毛、寄一份關愛救濟包出去。

6. **閱讀。**有時候遇到對的字就能讓事情發生一點點轉變。

7. **淋浴沖澡。**沒錯，你會感到好那麼一點點。做任何一種單調乏味的衛生工作，包括打掃家裡的衛生和洗浴，都是一樣的效果。

8. **吃東西。**吃健康、營養豐富的食物，即使是只吃一小份也好。

9. **不要將怒氣發洩在自己身上。**留意自己是否生氣。管它是什麼，千萬別發洩在自己身上。

10. **對更多的事情說不。對更多的事說好。**想想有什麼也許可以豐富自己的機會，讓自己出門去參加活動（想走就走，隨時離開）；拒絕可能會讓你筋疲力竭或需要捍衛自身悲傷權利的事（如果你還是去了，隨時可以離開）。

　　你最支持的守則或指引將會來自於你自身的經驗。你最清楚自己。利用下面的空白，寫下你的生存守則，以對抗悲傷這個粗暴的現實。可以借用我的清單，也可以自己擬一張。做一張表，或是將這張表做成一張迷你小海報。然後，將這張生存守則拍下照來，存在你的手機裡帶著。當未來的日子顯得無法承受時，用下面這張表來提醒自己，有哪些方法可以幫你熬過這一天。

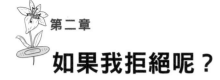

第二章

如果我拒絕呢？

沒有誰會對悲傷感到興奮。這不是你心甘情願承擔的一種經驗。你身處此境，但你並不希望如此。

雖然你無法挽回已經發生的事，但你也不一定非要優雅地經歷悲傷。

接受（Acceptance）是一個常見與悲傷有關的流行語，它是悲傷工作所謂的神奇終極目標。無論如何，在這一章的篇幅中，你不需要接受任何東西。

將它熬過去，對。接受它，不。

不，不，不

有這麼多的悲傷文獻都在討論，試著找到悲傷的恩賜，或是在其中找到平靜。大部分的悲傷「支持」包含了：往好的方面想、保持積極的形象，或是粉飾太平。儘管需要有個時間、有個地方做這些事，但你不能操之過急。我們需要有個空間，可以對抗已經發生的事；需要有個空間，可以讓你說出這一切是多麼叫人難以承受。

如果無法宣洩你的拒絕，就沒有多少空間可以去做其他的事。

不要低估「不」字的力量。小小一個字。力量如此之大。

說不自有一股力量。

接下來幾頁，就從寫下「不」字開始。寫得小小的，寫得大大的。寫了再寫；把它拼貼出來；描出字的邊；填入你所拒絕的一切；寫滿一百萬個小小的「不」字……你想用什麼方式說不？在頁面上留出空間來。

（PS：這個練習可能會帶出一些東西。當你完成一整張塗滿「不」的塗鴉後，再用另一面空白寫下說不的感覺。然後，喘口氣。吃東西，休息一下，在你能做到的範圍內活動你的身體，做點別的事。）

保管箱

　　有時候，悲傷讓人感覺像一場無期徒刑，沒有假釋的希望。由於沒有快樂收場的可能，你可能會害怕也許將發生在你身上的事。說出你的恐懼，可以幫你從恐懼周遭找到一點點的空間。如果你視而不見，它只會吵得你更甚。

　　在不同的紙片上，寫下目前你對悲傷的恐懼，還有置身其中的生活是什麼樣子。你害怕未來悲傷會變什麼樣子？

　　因為這些都是**恐懼**，如果讓它們到處亂跑，可能會使它繁殖得更多。我們必須在說出它來與讓它肆意妄為之間取得平衡。

　　為有助於抑制這些恐懼，取一個空的信封袋，隨興裝飾，貼在這一頁上面。你可以做出風格來，把它做得像個保險箱，或有鎖的百寶箱，或具保護功能的圍阻系統（Containment system）。

　　貼好之後，打開信封，將你的恐懼裝入其中。每出現一種新的恐懼，就寫在一張紙片上，添入你的保管箱中。

請將信封貼在此處

你想要什麼？

　　既然你已經讓「不」字吐出口，也說出了你的恐懼，那就有了一點空間可供探索自己想要什麼與不想要什麼。你可能會以為你只想要你已不能擁有的那件東西，但是當你熬過這次的失去活下去，可能會出現別的你想要（與不想要）的東西。

　　利用下表，填上你想要與不想要的東西。你可以列出感受狀態、行動或經驗。舉例來說，在「想要」的這邊，你可以寫下「感覺得到支持」，或是「有時間可以整理他們的東西」。在「不想要」的這邊，你可以寫下「我不想要感覺被催促」。計時，寫上十分鐘。（想要的話，可以寫得更久些。）

想要	不想要

窺視未來

　　看看上一個練習所完成的表，瞄一眼你當下的路線圖。你有什麼發現？你想為自己做什麼？什麼東西是感覺滋養的、支持性的，或是必要的？

　　在下方的空白處，速描一張簡圖，或是列一小張表，寫出此時此刻，在悲傷之中，你想要的東西。

　　用手機拍下照片，隨身攜帶。你還可以用手機設置鬧鐘，幫你記住要去接近你想要的，避開或減少你不想要的事。

第三章

只要一點（實際或想像的）幫助
就能熬過去

雖然這種失去的沉痛之情，是你一個人需要承受的，但是你無法百分百靠自己一個人熬過去。

有時，親朋好友真是了不得；有時，他們似乎都不見人影。大多數人是兩者兼而有之。即便擁有最好的支持，悲傷還是可能令人感到難以置信地孤獨。重要的是，尋求你能找到的任何支持資源。熬過悲傷活下來是漫長的過程，需要團隊努力。

建立你的盟友堂

讓我們從好的事情開始。當悲傷讓整個世界變得黯淡，知道你可以向誰求助，亦即知道誰會在情感上和實際上站在你身邊支持你，是很重要的。

將你的支持團隊：朋友、親人、動物、治療師或其他專業人士……這些人的照片或圖片，放進下面幾個相框中。他們可能是你認識一輩子的人，或剛出現的新朋友。這是你的「盟友堂」。即便你只能填一、兩個框框也是一個好的開始。

借用導師

要找到懂的人不見得容易，悲傷會讓這個世界令人感到寂寞。萬一你需要懂你的人，這裡提供你一些文字，是出自你沒見過的人。他們都是我的學生，因悲傷而走到一起，他們要向你傳遞他們的愛。（如需更多愛的小語，請見書末的〈資源〉部分。）

我們是那麼快就學會像母親一樣彼此關愛啊。要我們獨自承受自己的失去實是太過了，要依賴那些不曾和我們有過同樣經驗的人實是太難了。在絕望的沙漠中、在悲傷的荒野中，我們是同路人。因為彼此的經驗分享，我們的道路變得好走多了。我怎能不愛你呢？願你平安。願你的日子充滿光明。如果我們能夠張開雙臂擁抱彼此就好了……

愛你，安

願你明白，透過每一個困難的時刻，透過每一天……你被看見了，受到珍視，得到支持與被愛。

愛你，茉莉亞

祝你日日沒有那些——讓你感覺受到批判或噁心、麻木不仁到令人咋舌，甚至更糟的愚蠢評論。願你在置身靜默、愚蠢、冷嘲熱諷的火山口時，不論當下需要什麼，都有人能陪伴你。願你一夜好眠，在黑暗中免於恐慌發作，沒有閃現的回憶，不會突然醒來。願你一夜好夢，充滿愛與恩慈，靠近你想念的那位，讓夢承載著你、支持你，直到你再次找到自己。

愛你，楠希

願你能夠安全無虞地露出你的痛處，那是你為那些感覺得到卻看不到的人燃燒愛的地方。我的內心感受到你被到廣大的同理心所包圍，就從你對自己的關懷開始。

愛你，史帝文

但願你在這個非出於自己的選擇、被迫進來的處境下，找到不僅能理解你，還能對你心被撕裂成兩半的感受感同身受者。願你找到一個團體、一個屬於你的悲傷戰士，保護你、鼓勵你、捍衛你。

愛你，海莉

希望你對自己要有耐心，也希望周遭的世界能給你一些耐心。願你享有紅雀、蜻蜓、微風、平靜時刻，雖轉瞬即逝卻又持久。祝你找到你在尋找的徵兆。我也在找我的。

愛你，瑪麗

當你被悲傷吞噬；當生命失去意義與美；當前進似乎不再可能，願你有光，即使那只是黑暗中一閃而逝的微光。願有安慰的臂膀圈住你；友好的腳步伴著你；同情的耳朵傾聽你。但願你知道你不再是孤伶伶一個人，姑且不論別的，你還有這一家子了解你的人。我們可能並不真正「認識」對方，但是我們理解，而且我們就在這裡。我們就在這裡支持你。我們好愛好愛你。

愛你，塔瑪拉

希望有這麼一個人，走在你身邊，以任何一種形式照亮你的路。有一個寬容的人，看著你眼裡的真相，關心你過得如何，不只是今天，而是一週、一年，今後二十年。有一雙溫柔的手，小心翼翼又體貼地捧著你的心。有一對耳朵，耐心傾聽你道出真相，不加批判。

愛你，莎拉

願你那座林中的樹將你擁入愛的懷抱，

用優雅的四肢抱緊你。它們是關愛者，慈悲自然的代言人。願它們逐漸理解你的愛、憂傷與喜樂。

愛你，米雪兒

心在悲傷中敞開。我看見你的失去、你的悲痛。但更多的是，我看見你此時此刻的心。我看見你的心，而我的心也對你敞開。

愛你，瑪莉

多麼希望我能抱住你。我知道實際上我無法抱住你，只能盡我所能，用我的心與靈魂擁抱你。但願我們之間與我們周遭的空間受到愛與同情祝福。

愛你，蘇珊

願你在腳步踉蹌不穩時，能夠感觸到腳下的大地。願你在感覺被拋棄與孤單時，滿天星斗的夜幕能夠陪伴你。願你在需要人提醒時，能夠看著地平線上的太陽說：「雖然生命改變了，在你前方還有更多的人生。」願奔流入海的河水幫助你明白，你這趟旅程只能靠自己去找尋與追隨。這是你的道路，以你所選擇的方式，以你的時間，去創造意義。願你明白自己即是家，其中與其外皆是。

愛你，艾莉森

文字是我的摯友

　　有時候，文字是最好的盟友，人反而不是。利用這一頁蒐集你覺得有幫助或有意義的名言佳句。

你的悲傷導師：找到那顆指引之星

即使擁有最好的親戚朋友提供的支持，悲傷還是很難過得去的。

你以前從未經歷過這種失去，很難知道該怎麼辦。生活在失去了你所愛的那個人的情況下，實在很難知道還有什麼是可能的。

尤其是悲傷讓人覺得完全失去方向（而別人只想要你克服它），你需要一顆引路星，一個以令你欽佩的法子生活在悲傷中的人。

悲傷無處不在。有成千上萬的經驗與範例顯示，如何活在悲傷之中。環顧四周，看看有沒有哪個生活在悲傷之中的人，他們的方法可以鼓勵你、啟發你或指引你的？你有可能認識他們本人，或者也有可能他們是公眾人物。即使是一個虛構的人物，也能提供一份可以參照的道路圖。

利用下方的空白處，介紹為你引路的那盞明燈。這個人如何影響你？他們是如何走過他們的悲傷，讓你覺得這麼做是有可能的？

找一個導師頗不容易。如果你沒有導師，就寫寫沒有導師是怎麼回事。這也很重要。

....

....

....

....

....

....

....

....

....

....

....

....

....

額外的幫助：創造一個虛構的、極私人的導師

即使是最好的好人，也不會一天二十四小時全年無休，隨傳隨到；有時候，即使是你最喜歡的人也無法做到360°無死角，提供你最好的支持。

在下面畫出或拼貼出你幻想中的導師。你可以從畫一個人開始著手，再添加上動物、樹木這類的元素，甚或局部的風景，如：河流和山脈。任何東西都可以提供支持。只要你喜歡，怎麼現實或怎麼荒誕都隨你。

你可以稱你創造出來的這東西為「**悲傷的守護神**」或是「**悲傷的神仙教母**」。將這一頁的圖拍下來，存在手機裡，這樣你就能隨身帶著這個守護神。如果你對它特別有感覺，不妨沿著邊把它剪下來，帶在身上（隔頁的背面是空白的，方便你這麼做）。也可以印出不同的大小，一層層壓製。貼上棒子，做成棒偶（Stick puppet）。這是你的導師，所以你想怎麼做就怎麼做，想怎麼用就怎麼用。

（PS：這麼做看起來很傻氣，但是打造一個想像的盟友所帶來的力量之強大可能令人難以置信。不妨試試看吧。）

第四章

內部觀點

悲傷本身是個神聖的空間。它不見得是個「好的」空間,也不見得是個「壞的」空間。不過,它是一個不同於正常生活的空間。當你進入悲傷之中,就跨過了一道門檻。那不是人人都能去的地方,即使有人想陪你去也不行。

繪製地形圖

　　當你進到悲傷之中，世界會變得很小。時間、空間、愛、距離，這些構成了一個特殊的地理環境。

　　你的領地看起來是什麼樣子？有哪些特點？你最喜歡哪幾個地點？你的感情和心智地形圖長什麼樣子？

　　為你的悲傷製作一份地圖，可以幫助你在這個新世界找到定位。在下一頁，添上地標、關注點、危險通道，以及會面點或連結地。你可以在同一份地圖上標出過去、現在與未來。

　　下面以我自己的地形圖為例——

這是洗狗狗那座島，那天你就死在這裡。

在你的追悼會上，農場上空出現了雙彩虹。

這是我發現一堆心形石的地方。遠處那邊是海灘，我和狗狗在那裡嬉戲，有那麼一瞬間，這個世界看似一切都很好。

這塊地方在我們床上是屬於你的位置，每天晚上我都會避開它。

這地方擺著屬於你的長沙發，不過你一搬進來的時候我們就把它帶過來了。記得嗎？

廚房餐桌前這塊地方是屬於我的位置，在其他人還沒醒來之前，我都待在這裡打發清晨時光，盯著窗外的雪看。

　　請繪製一份你眼中所見到的地圖。（注意，你不需要受物理世界的規則所限制。）

別人眼中的我是這樣

我希望自己的感覺是這樣

我真正的感受是這樣

不同的觀點

　　沒有什麼比悲傷與失去更能引人主動提供忠告。這一天過得很不如意？有人會告訴你，這一天沒你想的那麼糟。感覺特別難過？人人都有一套看法，告訴你該怎麼做才能揮去傷心難過。此外，大家還會在你悲傷的時候，對你當下感覺如何，如何度日，胡亂猜測一通。

　　悲傷的時候，你如何看待自己，與你身邊的人如何看待你的，可能迥然不同。參考上面的範例，製作一系列的人像，來探索這幾個不同的觀點。可素描，可彩繪，可拼貼，你想怎樣就怎樣。

原諒我，我不是我自己

悲傷初期那幾週或幾個月裡，想表現得「正常」是頗為困難的。舉例來說，有個收銀員問候你，你卻突然哭了起來；你要找停車場管理員繳停車費，卻想不起來該拿多少零錢。你也想告訴別人自己為什麼表現得如此奇怪，卻找不到話語可以形容。有時候，你就是做不到大聲說出來。

當你無法替自己發聲時，不妨使用下一頁的貼紙。貼在你的外套上，貼在手機背面，感覺哪裡合適就貼哪裡。

貼紙做法──

① 沿著虛線剪下正面那頁。

② 用影印機（或印表機的影印功能），將這一頁複製到空白的貼紙上（大多數辦公用品店或網路上都買得到類似大小的紙張）。*

或者，翻到書末的〈資源〉部分，找到可下載的PDF檔案連結。下載的檔案可直接印在空白的貼紙上。沿著每張貼紙的外緣剪開。

＊ 譯註：近 A4 大小，A4 約是 21cm×29.7cm。

請原諒我的行為。
我的摯愛剛過世,
我不再是我自己。

你可以問我感覺
怎麼樣沒關係。

只是在設法
熬過去。

別問我過得
怎麼樣。我現在
無法回答。

我可能會哭出來。
但不要緊。

我愛的人剛去世,
我不是我自己。

就是有那麼慘。

將悲傷擬人化

　　如果是在寫小說，你會想要知道主角的聲音。你會想要知道他們走路的姿態、吃的食物種類、怎麼梳頭或者不梳頭。他們必須讓人感覺很真實。同樣地，你的悲傷是個角色——它有節奏和聲音。對你而言，它是特別的。既然我們得和悲傷打交道，且讓我們搞清楚它們是誰。

　　在將悲傷擬人化的過程中，我們賦予它一個聲音。有了聲音之後，它就能告訴我們一些事情。

　　閉上眼睛，吸幾口氣。拿起筆來，再吸一口氣。吐氣的時候，問問你的悲傷這個問題：「你是誰？」

　　然後，等待。

　　當你看見，或是感覺到一個圖像，不管是一個存在體、一種生物、一個人，請描述你所見到的東西。不要說給我們聽，讓你的悲傷真正開口。用它的口吻寫下來。（如果你覺得自己腦筋打結了，大膽地寫下：杜撰編造無妨。把這個練習當在玩，看看它能把你帶往何處。最少給自己十分鐘來寫。）

　　等你從悲傷這個角色的觀點寫完文字之後，再利用下方的空白處，或是另找一張紙，或素描或彩繪或拼貼出你的悲傷這個角色。

　　願意的話，你可以為你的悲傷角色拍照，上傳到社交媒體上，加上主題標籤#悲傷擬人化（#griefpersonified）。（在〈資源〉部分，可以找到網路畫廊的連結，看看別人完成的作品。）

第五章

這一切都很傷人

悲**傷會痛**。就算我們可以找到有創意的辦法與它連結,它還是會痛。一旦明白悲傷本身不是一個需要解決的問題,你可能不禁好奇——萬一你的餘生都要處在痛苦之中呢?

這個嘛,不會的。再說……痛(Pain)與苦(Suffering)有別。

當你的人生被剝奪了你所愛的人或事物,痛是一種健康、正常的反應。痛會傷人,但是並不意味著它就是錯的。痛會一直存在那裡,直到它變淡為止,而且它是自然而然發生的。

苦則不同。苦是額外、附加的東西,使一切感覺更糟。除非被打斷或改變,否則苦往往會發展成一場更大的風暴或洪流。

造成受苦的事情有——

- 在痛的時候,感覺到被忽視或得不到支持。
- 對你的悲傷過程橫加批評與指教(常見的是否定與不請自來)。
- 浪費時間與惡毒的、無益的、消耗精力的人相處。
- 過分自我質疑或懷疑。
- 否認自己的真實感受。
- 未能得到充足的食物或睡眠。
- 為了沒能阻止事情的發生而自我懲罰。
- 任何超過單純失去之痛,造成你損耗、筋疲力竭,或讓你狀況惡化的事。

我們無法消除失去之痛。但是苦,多半是有選擇的。我們往往能夠轉移它或改變它,不過首先你要學會辨別。

日期與時間	活動	我和誰在一起	之前的感覺	之後的感覺

研究調查

減輕受苦的第一步是找出造成受苦的原因所在。你可以透過蒐集個人資料做到這點。繪製一張交互影響圖來分析看似有點超過，不過這個過程很有用，有助你識別，進而減輕你受的苦。

當你實際標出你的日子，日常生活的混亂就會開始顯現出來，顯現為一連串多多少少可以預測的方程式，如：「傍晚散個步，我會睡得好些。」或是「哇，每次見到那個人，事後我就會覺得很生氣。」

接下來的一週，請利用左頁的日誌追蹤一天當中你在不同地方、不同社交場合時的感受。繪製你的社交互動地圖，記錄你的睡眠多寡、你吃（或不吃）什麼食物，還有你如何分配你的時間。不必對這份日誌過於執著；廣泛的資訊與瑣碎的細節一樣有用。

填寫日誌的時候，務必要留意什麼事情有助你感覺平靜或平和。尤其是在悲傷的最初期，沒有什麼會讓人感覺驚奇的。無論如何，也可能會有這樣的時候——你感覺比較穩定、不那麼焦慮，或是有辦法對自己溫柔一點。如果找到任何讓人覺得不那麼糟糕的事（在悲傷初期），就算只是好那麼一點點的事（不論發生在何時），都要添進你的日誌裡。

分析事實

記錄了幾天下來的互動與感覺後，回頭檢視結果。有沒有什麼活動或互動持續讓你感覺不好的？舉例來說，如果你的日誌顯示每次與某些人一起相處時，你見到這些人都很生氣，這可能就是一個你很容易從生活中排除的受苦之例——別再和那個人一起混了。

不是日誌上所記錄的每一件讓你受苦的事都能避免，但只要有可能的話，請選擇避開徒增你苦難的事。這麼做會讓你更有空照顧自己的痛苦，減輕受苦對你心靈與心智的負面影響。

利用空白頁面寫下你可能會有的觀察結果，按照日誌所呈現的，特別留意那些能夠改變的事，以減少你所受的苦。

貨架上的苦難

　　講到受苦受難，也是時候來談談雜貨店了。對傷逝者而言，雜貨店是最糟糕的地方。如果你沒能馬上想到原因，那麼想想看——你再也不用為那個人買的那些東西；放眼到處都是健全、「完整」的家庭；空氣中播放的似乎是故意叫人哭泣的音樂。還有那些偶遇的點頭之交，他們決定當下就是提出親密且私人的問題來問候你的悲傷的最佳時機，就在你只是想要買幾根香蕉回家去的時候。

　　花點時間替下一頁的圖著色。你可以加上對話框，放入你在雜貨店最愛或最討厭聽到的東西。

如何知道你是否做得「對」？

　　身處在濃濃的悲傷之中時，很難知道你是過得好，還是變糟了。即使你將事情都記錄下來，也可能很難將痛與苦區分開來。

過得好的證據

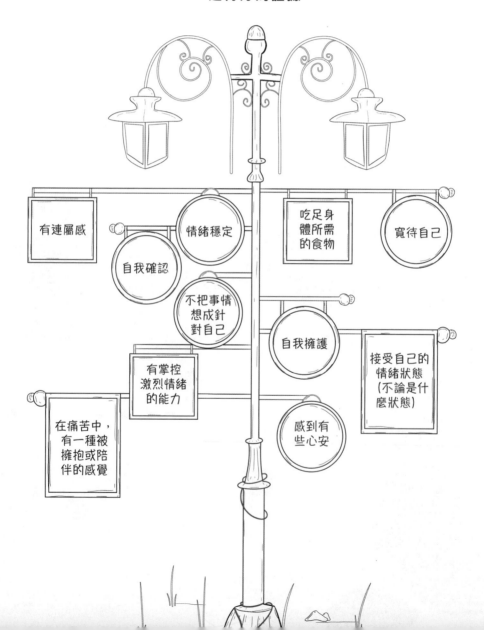

在痛苦中，有一種被擁抱或陪伴的感覺

有掌控激烈情緒的能力

自我確認

在痛苦中，有一種被擁抱或陪伴的感覺

情緒穩定

不把事情想成針對自己

吃足身體所需的食物

自我擁護

感到有些心安

寬待自己

接受自己的情緒狀態（不論是什麼狀態）

　　雖然每一種悲傷都是獨一無二的，但仍有幾種概括性的指標能看出過得好與過得不怎麼好（也就是受苦）。看看下圖燈柱上常見的幾個徵兆，就能一眼看出不同之處來。記住，你可以在內心痛苦的時候過得好，即使還是很痛苦。

受苦的證據

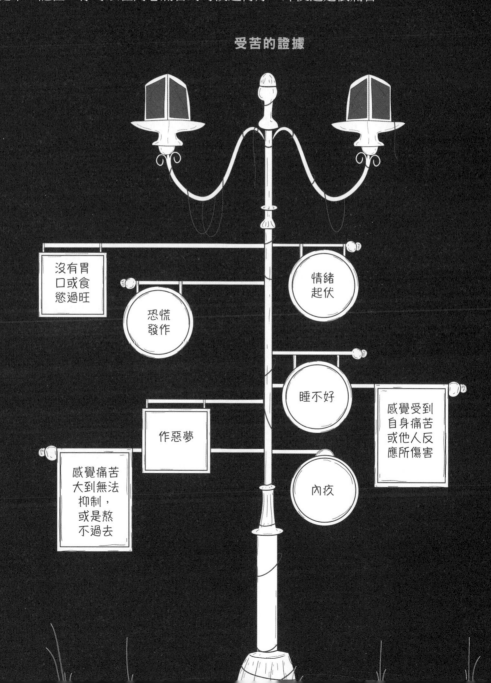

沒有胃口或食慾過旺

情緒起伏

恐慌發作

睡不好

感覺受到自身痛苦或他人反應所傷害

作惡夢

內疚

感覺痛苦大到無法抑制，或是熬不過去

現在，輪到你探索你在悲痛時過得好不好了。在下面燈柱上填入你真的感到很難受的徵兆（諸如：睡不好、覺得特別煩躁等等）。

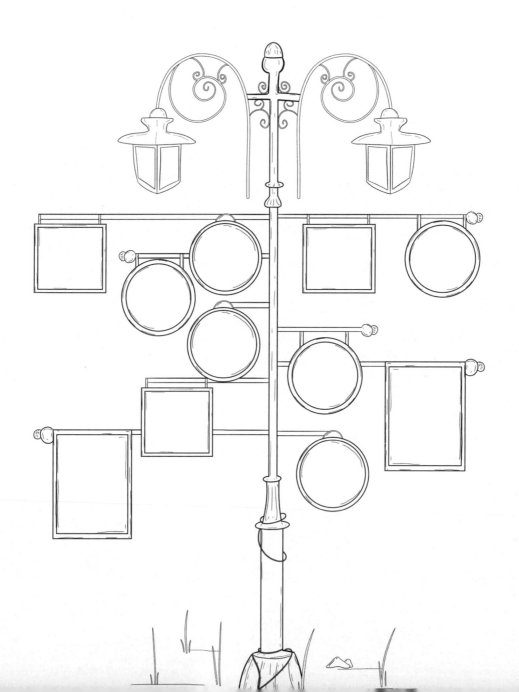

然後，在另一根燈柱上，列舉出你有照顧好自己的徵兆（諸如：感到心安、能夠忽視或擺脫掉小小不快等等）。複習本章前面的單元可能有助你生出一些想法來。

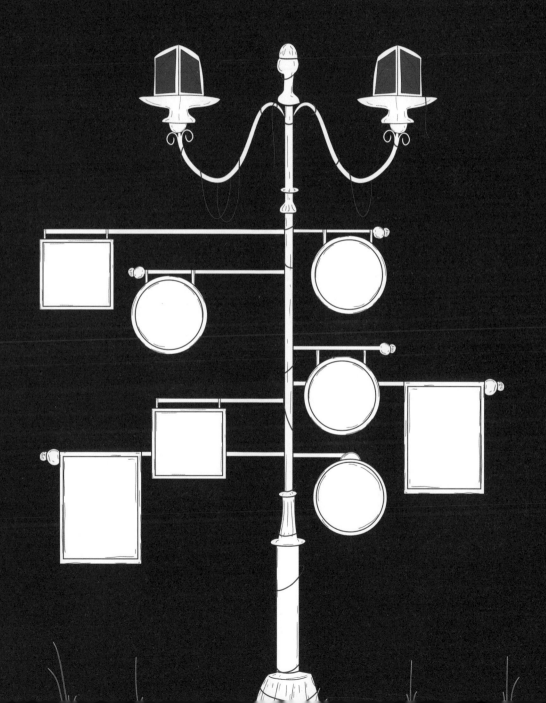

提醒自己

　　不論你的一生當中經歷過多少次痛苦或悲傷，這一次的悲傷與任何一次的悲傷都不一樣。每一次新的體驗，都以最適當的傷痛方式展開（並且得到照顧）。

　　利用你在本章所習得的資訊，幫助自己走向健康、遠離苦難。你所習得的知識不會讓一切神奇般地好起來，不過它可以讓你的事情於變容易許多。

　　為了幫你記住哪些事情能幫助你緩解悲傷，請從本章第一個練習中選出五件能讓你感到穩定或平靜，或是最起碼不會讓你覺得更糟的事來。在下面的空白處重新謄寫一遍。在這五件事的旁邊畫圖、著色或加以裝飾。要畫得精美，那能令人精神振作。如果覺得需要提醒，可以附註，補上這些事是如何對你有益。將你列舉出來畫面拍張照，存在手機裡。當你覺得很糟，不知如何是好時，請試試這五件事中的其中一件。

PART 2

各式各樣的冒險
ADVENTURE (of sorts)

第六章

前路崎嶇

與悲傷打交道並不會在突然間變得容易起來。你正在做的這項工作，是一項痛苦的練習，這一切並不容易。

這項挑戰是要活在當下，在你心裡，為了你的心、你內心深處的自我，尤其當這個自我正處於痛苦中時。

既然我們已經檢視過悲傷的幾個基本指標，就讓我們更深入探討其中幾個艱難的課題吧。

悲傷有幾種不幸的副作用：焦慮、侵入性畫面、感覺情緒大到無法控制（有時稱為情緒氾濫），還有睡眠障礙等，以上僅舉幾個例子。

焦慮是悲傷中的一個大課題，讓我們從這裡開始吧。

不要隱藏你的焦慮！

很多人對焦慮感到羞恥，好似他們應該有辦法說服自己不焦慮，隨時保持冷靜才對。如果你就是這樣的人，可能會很想假裝自己並不感焦慮。

不幸的是，假裝你不焦慮是沒用的。掩飾你的焦慮，會讓它往兩旁擴散出來。它會讓你的人際關係變得緊張，還會讓你的心裡不安。我們就是不善於對自身的焦慮撒謊——總有些事情會暴露真相。

焦慮是正常的。這是大腦在你的失去之後，試圖重組這個世界的另一種方式。請用愛與尊重接近自己，尤其是焦慮、恐懼、受驚的部分。可以的話，盡力安撫你那勤奮、過勞的心智。告訴自己你所恐懼的真相。

試試這麼做：如果你知道自己容易感到焦慮，在下一頁的空格裡，寫上：「我比大多數人所知道的更常感到焦慮。」

然後呢？

深吸一口氣（也要呼氣）。

在下方的空白處，寫下幾個字，解釋「『大聲』說出自己的焦慮」是什麼感覺。

給它點尊重

焦慮是一種訊息。當你感到不安全時，它會讓你知道。當你擔心結果時，它讓你知道。當你感覺事情太龐大了或是不確定性太高而無法處理時，它讓你知道。它讓你知道，你感到不堪重負。

但是它**不能**預測現實。對結果感到害怕，並不會讓這個結果更有可能發生。它只會讓你在等待更多訊息的時候感覺更糟。

利用下方的空白處，畫出或拼貼出一張給焦慮的謝卡——等等，**什麼**？

當你把焦慮視為處於壓力之下的訊號，而不是厄運的預兆，就能改變你與焦慮之間的關係。

試著對焦慮說謝謝，就當試試看。感謝你的焦慮，感謝它幫你明白何時生活令你感到茫然而不確定；感謝你的焦慮，給你一個尋求庇護與安慰的機會，給你一些空間，慢下腳步；感謝它提醒你，覺得害怕是無礙的。

所以，是的，真的是這樣。請利用下面的空白處，畫出或拼貼出一張給焦慮的謝卡。你甚至無須相信這麼做會有幫助，就放手試試。

焦慮日誌

　　如果焦慮對你來說是個大問題，你可能會想要多探討一下。弄清楚自己如何與何時感到焦慮，將有助你減輕焦慮的嚴重程度。當你確實感到焦慮，它能夠幫你安慰自己。

　　如果不確定是什麼引發你的焦慮，不妨從記錄使你焦慮加劇的環境或情況開始下手。記下在焦慮減輕或不存在的日子裡，發生了什麼事，這點也同樣很重要——那幾天有什麼不一樣？

日期與時間	焦慮程度	是什麼讓它變得更糟？	是什麼讓它變得更好？

模式辨識

繪製幾天的焦慮圖表後，從中找出反覆出現的主題。

對許多人來說，一旦過度勞累、吃不好，或是面臨多重挑戰，焦慮就會加重。

你的焦慮是否有模式可循？什麼時候更明顯？在你焦慮降低的那些日子，是否有模式可循？

列出你所注意到的事。

焦慮干預

當你已經精疲力竭又焦慮的時候，會很難想出自我安撫的技巧。回顧前面兩個練習（從你對自己已有的了解中汲取經驗），利用下方的空白處，列一張簡短的清單，看看當焦慮開始滲入你心中時，你會做些什麼事來幫助自己。

將此頁夾入書籤，或是拍照存在你的手機裡。

侵入性思維和圖像

在播放災難場景和重演恐怖事件這方面，人類的心智是很**驚人**的。在悲傷中，這種行為很正常，你就是無法叫自己停下來。這就像勸別人不要抽菸，卻未告訴對方他們的雙手該做什麼才好。侵入性的思維確實會助長焦慮，為了從中解脫，你得用別的東西替代那個想法或圖像。

請在下一頁畫出或拼貼出一個用來替代的圖像，當你腦海中的畫面或想法過於強烈時，你可以喚出大腦裡的這個圖像。選一個可以反覆使用的吧！這個圖像可以是出現在下一章那種令人感到欣慰的風景；它也可能是你的摯愛抱著你且保護你的畫面。重要的不是圖像，而是它對你產生的作用。請選擇一些讓人平靜、自然親切的東西。

想要將你的心智從引發焦慮的想法和圖像中硬拉扯出來，是很困難的。這就是恐懼的作用方式，它是一種會令人上癮、有說服力的思維習慣。當你注意到你心中的想法和圖像正在造成自己的困擾，就要把心智拉回到替代圖像上。

隨著時間進展與練習，這麼做會成為你的第二天性。

大腦休息時間

當你需要讓大腦從精神折磨中喘口氣，使用這張圖上的字詞搜尋。（如欲掌握這張字詞搜尋表的關鍵，請參閱P214。）

```
F L E K N S G U B K O I C T R E E A H X S R Y
P T E A D O J L I A W F O U N D H E A R T S A
E S U P P O R T T E F A O K N I G W B C V E L
V L U E R D X M L K E M H N E O P N J S E T C
O T V H I N E O A P S I E W S D N T U Y X B M
M H R S E P M N T L C L W L K R O I L F C L E
I T S O K A Y T H A T Y O U R E N O T O K A Y
S D L R U L C M E T S W Q Y C S I D B I E N C
B C E I G W B C V I O T V Y A T U Z N E R K J
J S E L U E R D X T U Y T R O S R D R X N E U
U Y P K O I C T R U S U W C L Y N J C W I T F
L F M P W G W B L D A J S E T E G U W H C F E
R L O N I P N J P E P M U N S A H I N E M O S
B V R O L N T U B S A D W S H R L E T W L R C
L M E M O R Y F O B U A H M N S O P N J K T Y
K O I C V G E E W H J R U E R D X C V H I N E
I G R I E F V S F S O K V H I C E X R L E P M
E E T W Y G E C E R S H R S E P T U E R O X T
D P N J O U R S S I R U T R L E A W H I N V D
R C V H U O L L C E B M O I C T W R S E P M E
E W S D N W N E X R C O N N E C T I O N A Z P
T R E E S E P M U E R R I M H R S E P M N T S
```

（有時）專注於你的呼吸

在引起焦慮或情緒困擾的情況下，有些臨床醫生和臨床教師建議，把注意力放在你的呼吸或是身體感覺上。不過，當你在處理與死亡、受傷或慢性病相關的焦慮時，將注意力轉向你的身體，會讓事情變得更糟。

然而，有一個以呼吸為基礎的動作是有幫助的。創傷科學與神經生物學方面的研究顯示，激動的時候，拉長呼氣將有助於舒緩神經系統，就如你感到極度焦慮時一樣。

這個簡單的動作會阻止壓力荷爾蒙的氾濫，而觸發焦慮不斷升級的，正是壓力荷爾蒙。

當你抓狂時，記住一個簡單的方向，遠比記住一大堆其他的工具容易多了。所以，當你感到焦慮，記住這個簡單的想法——**讓你的呼氣比吸氣長就好**。它就這麼簡單，太好了。

這個選擇通常是在你的掌控下，唾手可得。而且它對你有幫助。

控制你的感覺

悲傷永遠不會讓人覺得好受，但是總有些時候，你的悲傷大到了比其他時候更難處理——肯定有個對的時間和對的地方可以處理龐大的感情，不過上雜貨店可能不在其中。

那麼當你在不便時，感到情緒無法承受（比方說你的恐慌症發作，或是同時有太多感覺），能做什麼呢？

去關注你**周圍的環境**，而不是你的感覺。透過為有形的東西計數或命名，讓自己靜下心來。

當你專注於平凡單調的、重複的、溫和不刺激的身外之物，這樣的練習引起更多痛苦的可能性較小。這裡有幾個例子——

- 數一數你身邊所能見到所有橙色的東西。一一點名。
- 選一個字母／注音，說出你能想到是用這個開頭的所有單字。
- 從100往回數7的倍數。
- 列出你所知道的所有植物名和動物名。

你選擇關注的實物是什麼並不重要，重要的是越平凡越好，這樣才容易重複專注的過程。你不是在試圖解決什麼問題，只是想讓大腦有事可做，幫助它冷靜下來。

如果你容易感到不堪重負，不妨考慮隨身攜帶一本小筆記本和特殊的筆，方便做這個練習。

現在就試試吧！

　　不要等到情緒崩潰了，再來嘗試做這個練習。拿支筆，利用此處的空白寫下你周遭可見所有橙色的東西。（有沒有橙色的筆呢？就用它來寫這張清單吧。）

....

....

....

....

....

....

....

....

....

....

　　我們再試試另一個練習！

　　寫下所有你能想到字母K或注音ㄎ開頭的單字。（寫到不夠寫了，或是想不出單字了，再停筆。）

....

....

....

....

....

....

....

....

....

....

再來一個：列出你想得起來的所有植物名或花名。你也可以用畫的。

艱難時刻必備清單

　　既然你已經試過了前面的練習,那麼接著就來幫幫未來的自己吧!當你的感覺對你所處的環境而言過於龐大,在下方的空白處列出你在這時候會做的事。你會數東西嗎?物品唱名?倒背字母表?

　　裝飾你這張清單。讓它變得更舒心、更簡單、更清楚。

　　加入一條簡短的訊息,提醒你在情緒的風暴中找到一個定海神針。將這張清單拍照,存入手機裡,需要的時候隨時取用。

....

....

....

....

....

....

....

....

....

....

....

....

....

....

....

....

....

....

請記住,當你的痛苦過大,轉身遠離你的痛苦,是寬容——這是用愛與尊重照顧自己的一種方式。
先盡自己所能,度過情緒的洪流氾濫,等到你有了資源和能力的時候,再回頭來面對你的痛苦。

睡眠問題

　　悲傷令人疲憊。在生存所需之下，睡眠是幫助你活下來的第一要事。它可以幫你減輕焦慮、幫助你調整情緒，並幫助你擁有更多技巧面對生活中的挑戰。問題是，悲傷真的會擾亂你的睡眠。

　　當然，你可以做一些事來促進入眠，但是我們都知道，悲傷並無可預測的規則可循。即使你無法完全入睡，能休息時就休息。

　　這些是你的醫療團隊——對抗療法和整合醫學（Integrative medicine），可以提供幫助的領域。找你信任的醫療團隊討論，如何擁有更多平靜睡眠的辦法。

　　利用此處的空白，寫下往往有助你入睡與似乎會阻止你入睡的東西。

這些有助於我的睡眠	這些會擾亂我的睡眠

悲傷的噩夢

　　雖然在強烈的悲傷中比任何時候更需要睡眠，但是與失去相關的噩夢會讓你對睡眠避之唯恐不及。

　　噩夢很糟糕。

　　然而，反覆出現的夢，或是夢到對你一再傳遞死訊的夢，其實是在悲傷中健康與必要的一部分。作夢狀態的睡眠，其實是我們大腦在進行沉重的工作，將失去摯愛的現實分解成容易被吸收的片段。

　　當你作了一個悲傷的噩夢，比起去分析它所隱含的意義，你可能更能去覺察出它、道出它，因為你的大腦在努力處理這份失去。當你被噩夢驚醒時，簡單、反覆地告訴自己：「我的大腦正試圖為此騰出空間來。」這可以幫助你靜下心來，安撫你的神經系統。

　　當噩夢把你驚醒，你會做什麼事來安撫自己？利用下方的空白處，簡短地列出一張清單。如果你睡覺時，手機就放在身邊，不妨將這張清單存在手機裡，這樣就很方便。

....

....

....

....

....

....

....

....

....

....

....

....

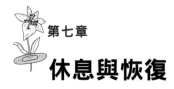

第七章

休息與恢復

悲傷是一段漫長的過程。為了度過這個難關,你需要滋養、支持性的安慰來源。你需要休息的地方;需要養成問自己需要什麼的習慣;需要知道哪些活動可重新補充你的能量。你需要不時地提醒,幫助你在悲傷消解並重塑你的生活時,站穩腳跟。

本章提供練習來幫你理解這一切。

一座自己選建的毯子堡

讓我們出發去尋求安慰吧!想像一處給人保護和滋養感覺的風景,利用空白處或下一頁來創造你的風景。這處風景可以是內在的或外在的、真實的或想像的、畫出來或拼貼出來的。添上任何能讓你感到安慰,或是給你愛和支持感的物件。如果沒把握該從哪裡開始下手,可以建一座毯子堡(Blanket fort),然後從那裡開始。

→

即使是不開心的時候,也能用這幅圖像作為你的快樂之地。

瓶中信

　　有時候，一張意想不到的字條可以改變你的一整天，為一段艱困時期帶來一點點的輕鬆（甚至是幽默）。利用下面幾頁的明信片，給未來的自己寫幾封情書。（可於書末的〈資源〉部分，找到可列印下來的明信片連結。）特殊的名言、表示肯定或鼓勵的便條也能提供很棒的訊息內容。沿著虛線剪下，將這幾頁印到厚卡紙上，添上你自己的訊息，寫上自己的地址，交給朋友，請對方每隔一段時間交付郵寄（或是自己寄給自己）。你很可能會忘了自己曾寫過了什麼，並對自己的先見之明感到驚訝。

Some things cannot
be fixed.

They can
only be carried.

POSTAGE

@hereaftersocial

POSTAGE

@hereaftersocial

May there be a
tiny island of peace
inside your day.

POSTAGE

@hereaftersocial

POSTAGE

@hereaftersocial

想像探看自己的內心世界

你的內心世界是以呼喚與回應的方式在運作——你開口要一個圖像，就會出現一個圖像。有時候它會有點笨拙，有時候那個圖像不會立即顯現，但總會出現個圖像就是。讓我們花點時間去探看看那個內心世界吧（這個練習可能讓人覺得有點爽快，就順其自然吧。）

1. 蒐集你喜歡的寫作材料或繪畫材料。
2. 花點時間，以自我為中心。我所謂的**中心**，並不是指感覺良好或是覺得準備好了，而是指安於當下。做幾個呼吸。
3. 問你自己這個問題：「我的心處於什麼狀態？」

給這個問題一點空間，等圖像出現。內在之眼可不是速食店，所以它可能需要一點時間。如果感覺什麼都沒出現，再問一遍。等待回應，讓圖像自行出現，不要試圖操控或改變它們。

出現的可能是一個視覺圖像——這個意象可能是一顆實質的心，不過大腦常常玩隱喻或符號，它可能是一幅風景、一個物體、一個地方或場景。它也可能是一種顏色，或是一種感覺，而不是一幅畫。

回應的圖像就是你此時、此地內心的故事。

利用下面的空白處，描述你所見到或感覺到的東西。為它花點時間。如果它是一個圖像，請描述它的樣子。如果是一種感覺或感受狀態，也請敘述。不要急，實實在在探索出現的東西。你的心是什麼狀態？

　　回應的內容或是你看到的內容可能會令你感到驚訝。這個圖像或感覺可能讓人感到寬慰，也可能不會。無論如何，有時即使精確描繪的只是殘像，也會讓人鬆一口氣。

　　當你覺得你已經用足夠的細節描述或畫出所見所感的東西，再後退一步。

　　看到自己內心的狀態，對你來說是什麼感覺？

　　用你的回應填滿這一頁。

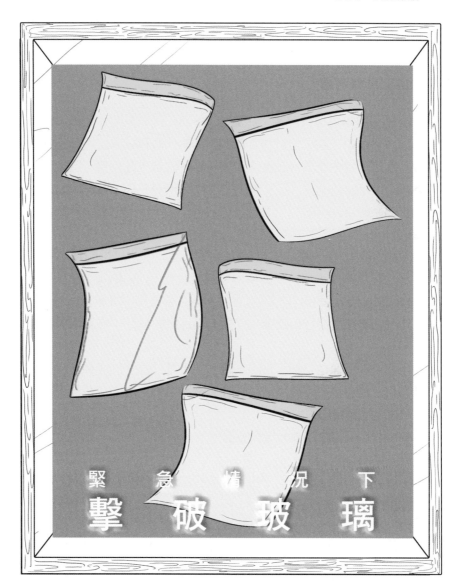

緊　急　情　況　下
擊　破　玻　璃

遇到緊急狀況時

　　將朋友的留言字條、特別的名言，以及給自己的重要提醒，填在箱子裡的空白卡片上。在事情令人感到黯淡無望時，閉上眼睛，手在紙上畫個圈，讓你的手指穿過「玻璃」，選一條訊息。

　　如果你想更進一步，可以拿鞋盒或精緻些的容器，裝入朋友的留言、名言和給自己的訊息，做一個「緊急狀況用」的實體盒子。在你需要一點支持的時候，抽出一張卡片來。

一份真正的自我照顧清單

在社交媒體上搜尋「自我照顧」（Self-care）一詞，會搜尋到很多水療日的建議和圖片。水療可能很不錯，但是作為自我照顧的代表形式，它們所能提供的選擇真的很有限。水療日這些建議假設每個人只要好好做個足部保養，就能得到滋養和恢復；並且暗示做好臉部保養，再來一杯完滿的綜合果汁，這個世界就能變得美好。這些經常被提出來的自我照顧想法同時也假定了某種程度的財富或門路，這可不是每個人都擁有的——你需要更好的選擇。

在你感到疲憊的時候，良好的自我照顧方案可以幫助你得到休息和充電，定期的自我照顧也可以讓你不至於耗盡精力。正如教育工作者凱特‧肯菲爾德（Kate Kenfield）所建議的，合意的自我照顧可以幫助你重新振作，讓你能夠以你最想要的方式參與生活。它讓你用技巧和寬容來面對充滿挑戰的情況；它讓你能夠現身並繼續前進。

定期的自我照顧更像是一種可行的實踐，而不是一次性的活動。當你擁有選項時，選擇照顧自己就會變得容易多了。在**你有需要之前**，先弄清楚什麼才是真正的自我照顧，這是你送給自己的大禮。

這裡提供一些水療約會之外的自我照顧點子——

- 養成「問自己需要什麼」的習慣。某天，它可能是身體運動；另一天，它可能是用來反思和探索個人情緒的時間與空間——你不問就不會知道。
- 尋求觸覺上的舒適，如：按摩、熱水澡或是一雙暖和的襪子。
- 見證或參與一些好玩的事，如：帶狗狗去海灘跑步、觀看以水獺為主角的影片、跳一支你所能想得出來最可笑的舞……任何可能讓人表現出一點傻氣的東西。
- 去一個美麗的地方。擬一張可供你選擇的地方清單，列出特定的美術館、大教堂、植物園或公園等。
- 給自己規律的時間創作。把你最愛的美術用品收在一個盒子裡，這樣一來，你需要用到的時候就不必再去找。即使只是幾分鐘的畫圖和塗鴉也能幫助你放慢腳步和減壓。
- 取得連結。花時間與對的人在一起，可以補充你的精力。列一張友人名

單，列出見得到面和能線上聯繫的朋友。記住，人各有所長。當你感到悲傷，需要人傾聽時，某個朋友可能很合適；在你焦躁不安和需要冒險的時候，另一個朋友可能更合適。

利用底下畫線的地方，添上你自己的想法。

_____

_____

_____

_____

_____

_____

_____

_____

_____

_____

時空旅行的自我照顧

如果遇到不得不去做的一些困難事，比如：見律師、領骨灰，或度過週年紀念日，事後不妨備些滋養和安慰性的東西。

投入巨大的情感活動時，也可以設定計時器，這樣就有一個停下來的結束點。例如：在整理死亡相關文件之前，計時九十分鐘。這樣做看起來可能很傻，但是給自己一個具體的終點，可以幫助你管理棘手的情緒化事件。

採用這張清單上的點子，讓事情對未來的你更容易些，並在畫線的地方添上你自己的時間旅行自我療傷點子。

- 準備好散步的一應所需：外套、鞋子、耳機、家宅鑰匙。在展開一項具挑戰性的任務之前，先設好計時器。計時器一響就去散步。
- 拜託朋友，在你預期活動結束時發訊息給你。給對方一個具體時間，請他們記得設鬧鐘，時間到了記得問候你。
- 離家之前，準備好茶壺、你最喜歡的杯子和一些美味的茶。備好穿起來最舒適的衣服，放在一旁。你一回到家，就只需燒水，換衣服。
- 安排好在活動結束後，偕同朋友一起去看電影。告訴他們你可能不想說話，卻想要他們的陪伴。
- 拜託朋友在活動期間為你點支蠟燭。請他們在活動期間發幾張為你點蠟燭的照片給你。知道有人在那裡，惦記著你，可以給你足夠力量撐過去。

寬容是一切

　　你所過的生活並不容易。寬待自己並不會改變悲傷本身，但是會使你的思想和你的心輕鬆些。

　　麻煩的是……寬待自己是最難做到的事情。即使是遇到全世界最鐵石心腸的人，我們也能寬容對待，但是說到對自己的寬容呢？不，不。**我不能寬待自己。否則豈不是太輕易放過自己了。**

　　如果你對於寬待自己這個想法極度反感，你並不孤單。這對誰來說都很難。

　　就因為寬待自己是如此難以做到，所以每天都能有些有形的提醒，是很重要的。試試寬容點，只要幾分鐘就夠了。即使做不到一路堅持到底，也要朝它努力。讓自己轉向寬容的方向，堅持住。

　　你今天待己以寬時，是什麼樣子呢？就在這一刻？把你的回答寫在下面。

_____

_____

_____

_____

_____

_____

_____

_____

_____

_____

_____

_____

_____

悲傷需要寬容。寬待自己，為你所必須承受的一切。

寬待自己的一點建議

寬待自己可能是允許自己在需要時想睡多久就睡多久，而不需要大吼大叫地責罵自己。

它可能是拒絕一場社交活動。

它可能是在你的車開進停車場後立即掉頭，因為你發現上雜貨店買菜非你現在所能承受。

它可能意味著放自己一馬，降低你對自己的要求。

它也可能意味著有時需要強迫自己，把自己帶出「分心」這個柔軟的舒適窩，去探索那廣大的痛苦景觀。

寬容的樣子會改變，但是你對它的承諾可以保持不變。

這就是你的安全所在——**知道你不會離開自己，知道盡你所能寬待自己**。在一個讓人感覺怪異和動搖的世界裡，承諾寬待自己可以提供一些穩定性。

自我照顧宣言

如果要你寫一份自我照顧宣言，它會包含什麼？

在治療中，我常提醒人們注意飛航安全的這個比喻：「在遇到麻煩或危險的時候，先戴上自己的氧氣罩，再試著去幫助別人。」在你的悲傷中，**你必須把自己放在第一位**。為了生存下去，你必須堅決關愛自己。

自我照顧宣言是一份生存路線圖。

當你在悲傷中感到不知所措與迷失的時候，它是一種速記和航向的修正。當外界堅持你按他們的方式去做事，這是你對自己的支持和鼓勵，讓你忠於自己、堅決滿足自己的需求。它幫助你選擇寬容，而不是自我鞭笞。

也許宣言這個說法看起來頗誇張且自負。但是說真的，再也沒有比「堅決滿足自己的需求，把自己放在第一位；堅持為能使事情變得更好、更容易、更溫和的那些騰出空間」更重要的了。

自我照顧宣言可以簡短到只有幾個字：**練習寬容**。它也可以是一封寫給自己的情書，或是一張列有十來件需要記住的重要事項的清單。在一旁頁面上擬一份自我照顧宣言。寫出風格來，寫得漂亮、寫得犀利。拍張照片，存在你的手機裡。設為筆電的背景圖；貼在冰箱上、貼得到處都是。

願你，寬待悲傷的自己。

第八章

分心的好處與危害

悲傷的人是贏不了的。如果你表露出你的感受,人們會說你「太過情緒化」,需要向前走;如果你不表現出你的感受,你就是在「否認」,需要面對事實——難怪大多數人把他們的悲傷留給自己。

問題是,**你不該一下子承受悲傷的全部火力**。這是不可能的。

總要有些時候,你可以移開目光、可以轉移視線、可以麻木無感。

悲傷猶新*的時候,你每一天的每一刻都處在那股強烈的情感創傷之中。痛苦就是一切——它讓人精疲力竭,耗盡一切。

有些日子、有些時候,你能夠凝視自己那顆破碎的心;但是有些日子、有些時候,那樣的凝視是不可能的。

當你目睹自己的痛苦時要憐憫自己,包括在它變得無法承受時。寬容地移開你的目光,必要的時候,轉身離開也沒關係。

感覺自己麻木了也沒關係。麻木是悲傷的一部分。當失去至親摯愛讓你心煩意亂時,需要轉移視線是正常的,這麼做甚至可以說是健康的。這也是一種寬容。寬容是很重要的。

找到分心的好辦法可能不容易。並不是說你在看電影的時候,失去的感覺就會「消失」(事實上,電影院是最不容易分心的地方)。**好的**分心辦法會讓你轉移注意力,讓別的事暫時占據舞臺中心位置。好的分心辦法讓你有一點喘息的空間——如果有什麼事情能讓你感到輕鬆或是得到喘息,哪怕只有片刻,請朝這個方向努力。

你可以習慣性地查探自己的心態,幫你了解自己的需求。每一天、每一個小時,

---

* 註:自己定義「新」的意思。

都不一樣。在你投入一堆的分心活動之前,先探問自己好不好,問問自己需要什麼,這樣你才有更大的機會找到自己真正想要的東西。探問自己的分心狀況也能讓你知道,你用來分心的首選辦法是否弊大於利。

提前計畫

在你需要用到之前,先擬好一張分心的選項表,這是一種了不得的自我照顧和寬容行為,只要一點點的努力就可以起到很大的作用。

在下面的舉例列表中,凸顯你已經嘗試過的項目;圈出你可能願意嘗試的;在底下畫線的地方添上其他活動。

- 做運動
- 看電視
- 聽聽新的 Podcast 節目
- 畫曼陀羅
- 小憩一下
- 做志工
- 為朋友烤點吃的
- 看一場電影
- 去海灘
- 在身上畫暫時性的刺青
- 征服一道複雜的食譜
- 在林中漫步
- 打電玩遊戲
- 讀幻想小說
- 逛書店
- 嘗試一種新的運動
- 上一堂從未上過的課
- 休息一下:逛逛畫廊或博物館

- 做做園藝
- 自駕遊
- 處理一項居家改造計畫
- 練習一種沒學過的語言
- 列出你所能想到的所有植物和動物
- 花時間去尋找善行或正向的事物
- 來一次美麗的尋寶之旅(找出三十件美麗的小東西)
- 找一個喜歡的部落格,閱讀所有的貼文

_____

_____

_____

_____

_____

_____

_____

我分心的結果

　　回顧你在第五章所完成的練習。想想你記錄下的所有活動，看這些活動是否符合分心或中斷情緒的條件——你往往採用哪些分心的活動？從事這些活動時，你的感覺如何？你希望是什麼感覺？你得到了你想要的嗎？

　　讓我們來找出答案。

　　也許在今天的「情緒關機」（Emotional off-switch）中，你去跑步，還一邊聽Podcast；你希望跑步能減少焦慮，讓你今晚累到可以睡下；跑完步後，你肯定覺得很累，起碼在跑步的時候，你沒有感覺到任何焦慮的想法。如果把它畫出來，它看起來是這樣的——

　　　　　　　我覺得　焦慮和疲憊
　　　　　　　我想要　少些焦慮，多點睡眠
　　　　　　　我選擇　跑了三英里，聽了一個小說Podcast
　　　　　　　結果　　累慘了，從焦慮的想法中得到解脫

　　有時候，你沒能從一項活動中得到你想要的。有可能你選擇收聽的Podcast內含一個出人意表的悲傷情節；也許在你狂追電視劇的時候吃掉一整個披薩，當下感覺很爽，卻完全破壞了你的睡眠。

　　你可能仍會為了短期的緩解選擇這些活動，但是了解潛在的後果可以讓你做出更明智的選擇。例如：你可能意識到，跑步會受傷，但是你為了懲罰自己還是決定要多跑。

　　定位圖可以告訴你，什麼地方出現的分心活動可能是一個警訊。

　　在這裡為你常用來情緒關機的活動定位——

　　　　　　　我感到　_____
　　　　　　　我想要　_____
　　　　　　　我選擇　_____
　　　　　　　結果　　_____

多少才算太過了？

因為悲傷很強烈，所以麻木的海妖之歌可以很強烈。尋求解脫是健康的，全天候生活在夢幻之地則是不健康的。讓我們仔細看看你平時所做的分心活動。多少才算太過了呢？首先讓我們來看兩個例子。

活動	電影馬拉松
多久做一次？	全天候，每一天
結果如何？	這一天結束時，我感到昏昏沉沉，茫然而遲緩。

活動	強制性的積極
多久做一次？	我只允許自己保持這樣的心境。
結果如何？	你是什麼意思？一切都很好！

接著，在下面的空白處，寫出你平時從事的一些活動。用這個來幫助你，在有用的分心和完全走神之間找到應對方法。

活動	
多久做一次？	
結果如何？	

活動	
多久做一次？	
結果如何？	

活動	
多久做一次？	
結果如何？	

　　重要注意事項：雖說給自己一段情緒化的關機時間是很重要沒錯，但是有些活動是危險的。如果你發現自己有以下行為：大量使用毒品或酒精、自殘，或是出現將你自己或他人置於危險之中的魯莽或危險行為，請向外求援。請查閱本書的〈資源〉部分，取得幫助。

第九章

憤怒宜單獨處理

在我們的文化中，憤怒並未得到多少正面宣傳。憤怒與悲傷一樣，會引起極度不適——短時間的憤怒無妨，但是需要很快發洩，不能製造太多干擾。

你不該生氣。無論發生什麼，你都應該……保持冷靜，別大驚小怪，對你無法改變的事情生氣是沒有意義的。但生氣是正常的。這是一種健康的人類情感。

憤怒應該被傾聽接納。在這本日記中是，在你的生活中也是。

所有的情感都是對**某件事**的反應。憤怒是對不公的反應。無論「公平」是否符合邏輯，或是否事出有因，這都不重要。

你當然會生氣——無論發生了什麼，那都是不公平的，也讓人感覺不公平。你當然會對別人所說的那些奇怪、無用的話感到憤怒。就算他們是出於「善意」，也並不意味他們的話不該惹火你。

當你允許自己表達憤怒時候，它只是一股能量、它是訊息。有時候，憤怒帶給你能量去面對你要面對的。它成為一種極度保護性的愛——為你自己，為了你失去的那個人。給憤怒一些尊重和空間，它講的是一個關於愛、人與人之間的關係和渴望的故事。這點沒什麼錯。

如果我們壓抑和消滅憤怒，我們也壓制了真相和自己的生命力——亦即我們對自己和我們所在意的人那股氣。正視你的憤怒，尊重它，給它空間，所有的這些都是健康的。說出你的不公正和憤怒。與它建立連結，引導它。

它是你的一部分，有它該存在的空間。

你當然如此

　　如果可以談論憤怒，它有很多話要說。在下面的空白處，快速下筆且不假思索地寫下「我當然生氣了」。

　　從這裡開始，看看接著會出現什麼。寫上個十分鐘，或是直到你覺得寫完了才停筆。

憤怒量表

對很多人來說，與憤怒保持健康的關係是一塊新領域，單是認識自己的憤怒程度，就已經朝正確的方向邁出了一步。憤怒就如所有的情緒一樣，有起有落，會轉移和變化。

請在下面的憤怒量表上著色，顯示今天的憤怒程度：

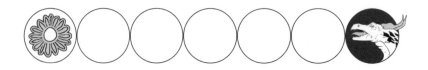

隔天，再為這個塗上顏色：

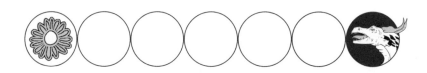

建立自己的憤怒量表，幫自己定期檢查。了解自己的憤怒程度，是與這個飽受詬病的情緒建立新關係的適當方式。

找出你的熱點！

憤怒有許多種形式，讓你發火的東西可能與讓別人發火的東西不同。

在下一頁的圖中，你會發現讓很多人惱火的某些反應。劃掉那些不會對你造成困擾的，然後利用空間添上自己的內容。

你可以添上讓你生氣的短語，或是本質上就令人沮喪的情況，例如：上法庭，或打電話給客服。

如果這一切讓你想扔掉這本書，
你就扔吧！只是……要小心瞄準，別摔壞了東西。

至少你擁有過他們。

事出必有因。

你應該更知道感恩才是！

他們去了一個更好的地方。

一個發洩怒氣的地方

　　今天你的憤怒在哪？它與噴火龍在一起噴火，還是在火山邊上砸石頭？或者它是一隻盤旋飛過開闊平野的袋獾（也稱作塔斯馬尼亞魔鬼）。也許它只是出去跑一跑，把怒氣踩進地裡。

　　將這個跨頁的場景塗上顏色。把自己置入你今天想去的地方，用你的憤怒做你想做的事。

處理憤怒該做的事

有很多方法可以表達你的憤怒。下面舉幾個例子——

- 大吼大叫
- 敲打東西（不過安全第一！）
- 創作不和諧的音樂（或是聽不和諧的音樂！）
- 畫畫（或大或小，或亂或雜都可）
- 運動、舉重（移轉那份能量！）
- 向朋友傾訴
- 發起一個運動
- 為某人挺身而出
- 捍衛自己

利用你的憤怒去做一些事，而不是試圖壓制它。當你承認憤怒有其存在的權利，才更有可能巧妙利用你的憤怒。下面，列出你能用憤怒做出的有建設性的事。

生氣時可以做的事

安全第一

　　去接觸你的憤怒可能會是嚇人的。如果感覺怒氣太大,可以求助值得信賴的朋友或治療師。問問別人是否願意傾聽你傾訴對某一情況的憤怒,是沒關係的。

　　你這麼做讓他們有選擇。如果他們說願意,就會準備好去傾聽,而你也會知道他們願意傾聽你的怒火,不會試圖催你快快擺脫它。

　　利用下面的空白處,列出可能傾聽你發洩怒火的人,以及可讓你表達憤怒而感到安全的地方。

生氣並未給你權利,讓你可以傷害自己或別人。別拿憤怒當武器,或是作為攻擊行為的藉口。傾聽它、尊重它。有技巧地做出回應。憤怒是訊息,而不是理由。

盛怒怎麼辦?

　　盛怒與憤怒略有不同。生氣時受到否定,或是被消音的時間太久了,可能會讓它大發脾氣。它是暴力且具破壞性的。這就是為什麼發洩你的憤怒會如此重要——要巧妙地加以利用,而不是讓它毀滅世界。

憤怒是種微妙的情緒。我們很少談論它，這也意味著它往往得非常大聲地傳遞它的訊息。填寫下面的憤怒誓約，它助你知道如何尊敬、尊重和疏導你的憤怒。

憤怒誓約

我 _____，

在此承諾尊重我的憤怒，將它視為一個可靠的訊息來源。它讓我知道自己何時覺得受到了不公平的對待，以及事情在何時超出了我的底線。我的憤怒應該得到尊重和自我表述的空間。

從今天起，我將透過以下方式表達和引導我的憤怒：

_____

_____

_____

我將用我的憤怒幫助推動或創造：

_____

_____

_____

我保證隨著我逐漸了解它，也更了解我自己，
我會以越來越嫻熟的技巧善用我的憤怒。

_____ 年 _____ 月 _____ 日

_____

簽名

第十章

瞭望點

與悲傷共存並不容易。雖然你大部分的注意力可能集中在應付生存上，但是留意你已經有的進步也很重要。花點時間承認你的進步，並提醒自己什麼是重要的，這有助於使悲傷變得可以忍受。

你的痛苦應該得到你的寬容、同情、直率坦誠和關懷。休息一會，暫停你對憤怒的探索，為下面的圖著上顏色，然後再評估你的環境。

休息站

　　花點時間回顧一下到目前為止你在這本書中所完成的工作。（即使沒有完成所有的工作，也不要擔心。這本書不是試題，這些練習也不是作業。只需看看你完成了什麼，不要為你沒有完成的感到壓力。）

　　是否有什麼進展，或是你以前沒看見的東西變得清晰了？

　　你對自己或是你的悲傷有什麼了解？有什麼讓你感到驚訝的嗎？

　　設定計時器，於下方空白處回答這些問題。如果覺得思路卡住了，或是需要一個起點，試著寫下「我沒想到會這麼難」、「我不知道自己需要……」或「我以為會找到……」。

　　如果你真的腦筋打結，可以試著寫「我不知道……」然後一遍又一遍把句子填完，需要寫多少次就寫多少次。

寫給自己的短箋

　　在悲傷中保持腳踩實地可能不容易。強大的情緒、氾濫的記憶、惱人的遭遇，它們都能讓你失去平衡。使用下面的便箋寫訊息給你自己，告訴自己什麼是重要的、什麼是你想記住的，在困難和掙扎的時候提醒自己。你也可以引用你認為有意義的名言。

　　將此頁夾上書籤，便於查閱。你也可以沿著虛線剪下這個頁面，再把卡片剪開，這樣就可以隨身攜帶，或是策略性地放在某個地方，比如：貼在浴室的鏡子上，或是放在你的車上，只要是你覺得自己會需要打打氣的地方都可以。

界限是我們的朋友（AKA：保護圈）

悲傷會讓你感覺自己身上彷彿到處都是孔洞，就好像所有的事都會影響你（而且還不是好的影響）。良好的界限（情感上、身體上和關係上的），有助於你對自己的經歷保有一種掌控感。

想像一下你在下面那個圓圈裡。畫出或寫下能幫助你感覺到平和的東西（或者至少不會激動）。在圓圈外的空間，畫出或寫下使你失去平衡的事情。

例如：在圈外，可以加上「無休無止地捲動網頁」或「鄰居咄咄逼人的提問」；在圈內，可以加上「置身在大自然的時光」或「創意Podcast」。

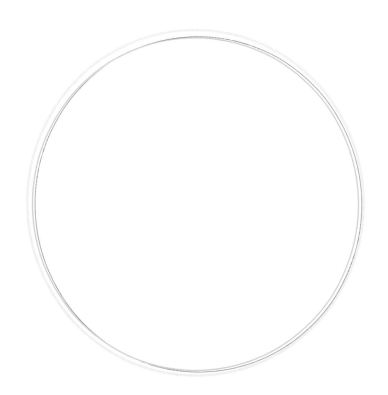

準到不能再準：關於徵兆和共時性

　　一首合時宜的歌曲、鳥兒或心形物的出現，或者突如其來的資訊，就在你想到要去找它們的時候，它們就出現了。幾乎每個人都有一個這樣的故事，在他們悲傷的時候發生了一些事，感覺就像是個徵兆。

　　我們並不常談論這些東西。這種事我們都是私下分享，小心翼翼，附帶著免責聲明和解釋，還發誓說其實我們並不相信徵兆，因為我們不是怪人。

　　誰也不想被看作瘋瘋癲癲的人。

　　至於這些「準到不能再準的」事，究竟會不會只是我們的大腦在建立連結（這事本身就很酷），或是暗示一些超越我們眼見之外的更大謎團，並不重要。重要的是，你從中得到的安慰或連結。

　　利用這一頁來記錄你所蒐集到的，那些準到不能再準的徵兆、夢境和共時性。

徵兆只有在你選了它時才會是徵兆，
沒有人能決定什麼對你是有意義的。

特別有趣的活動：做個共時性的代理人！

是誰在沙地上畫了一顆大大的心讓你找到的？那張寫著「我愛你」的字條怎麼會出現在咖啡館洗手間的鏡子上？想當然耳，它們完全是為你準備的。但是它們是如何跑到那裡去的呢？

散播愛的小語是一種方式，你可以藉此為別人創造小小的魔法和連結的火花。利用這一頁，動動腦筋想出有創意的方法，傳遞訊息給別人，讓他們在正好有需要的時候找到它。

如果你想將這份特務時光的成果與人分享，可以拍下照片，用#toopreciseto berandom標籤分享到社群媒體上。

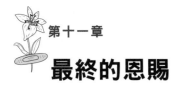

第十一章
最終的恩賜

悲傷會帶來一些禮物，隨著對失去變熟悉而來的禮物。然而，它並不意味著這是一場公平的交易——以你的人生換取你現在擁有的禮物。

也許你現在對狗屁倒灶的廢話沒那麼寬容了；也許你在很久前已經將那些還需要啟動的東西從生活之中捨棄了；也許你感覺自己變得大膽或果敢自信，因為最壞的事已經發生了，這讓你覺得自己有點無敵；也許生活感覺更緊張了，不過這不完全是壞事；也許透過你那悲傷的新眼光，你**確實**看到在這個世界上存在著更多的愛。

雖然你願意用這所有的禮物換回你的人生，但悲傷並不是一輛滿載厄運的傾卸式卡車。

這一章要讓你探索悲傷帶來的禮物，但**並**不施壓要求你放棄你的悲傷去換取這些禮物。

第十三位客人

在西方文化中，數字十三背負著莫須有的惡名。十三號星期五被視為不吉利；有些建築會跳過第十三層，從十二樓就跳到十四樓（彷彿跳過一個數字，就能避免一些糟糕的事）。對數字十三的恐懼還有個多音節的精神病學標籤——Triskaidekaphobia（十三恐懼症）。

即使是童話故事裡也延續了這種反十三的偏見。在原版的《睡美人》（格林兄弟名之為《荊棘玫瑰》）中，國王和王后只有十二個金盤子，卻來了十三個仙女。他們沒再去找來一個盤子，反而決定把其中一個仙女排除在外。後來這個故事經過重述，把第十三個仙女變成邪惡的巫婆，她的本性令人無法接受，是造成她未受到邀請的原因。

醜陋的老巫婆這個主題出現在一個又一個的故事中，有時她是女巫，有時是心腸歹毒的繼母，有時只是一個不速之客。不管她叫什麼，效果都是一樣的──她的出現讓別人不舒服。

她絕對不可能出現在賓客名單上。

但是在許多故事中，那個老巫婆還是現身於宴會。

這個第十三位客人來了，帶來了令人不安的祝福，或是令人不安的禮物。往往，她帶來的禮物都與死亡有關。

需要注意的是，第十三位客人並未造成死亡，她對死亡感到很自在。她不怕透露她所知道的，而這些事是其他人避之唯恐不及的。

難怪她未受到邀請。

當你生活在深深的悲傷之中，你會意識到自己成了為社交場合帶來黑暗的存在。你可能會發現自己並未受邀參加鄰居的燒烤聚會，或是朋友的婚禮賓客名單遺漏了你。誰也不希望在自己辦的活動上出現死亡提醒。誰想要在想開派對的時候想到死亡或疾病呢？

也或許你自覺到自己對別人的影響，自行決定先退出。畢竟，除了死亡和悲傷，你沒有什麼可談的。你不覺得自己有過節的心境。

上述兩種情況無論是哪一種，當你在悲傷時，不管你去哪個地方都很難感到自己是受歡迎的。

你能想像自己出現在童話故事裡嗎？你是那個帶著令人不舒服的禮物去參加聚會的智慧老人嗎？你周遭的人怎麼看你？他們是否害怕、迷信、不自在？你是否找藉口不參加聚會，而不是帶上你所知道的東西去赴宴？

在下方的空白處，寫下你身為第十三位客人的情況。

逃脫（社交）牢獄之災的卡片！

即使你受邀參加一場社交活動，還是可能會感到尷尬：你不想獨處，又不太願意和「正常」人在一起。如果你正在為如何回覆邀請而糾結，從這些卡片裡可能會找到一張有幫助的。把這些卡片剪下來，根據需要分發（尤其是在適合來點黑色幽默或諷刺的時候）。按不同的場合將這些空白卡片做好。

我的新認知

雖然痛失至親摯愛並不是人生智慧的先決條件，但有些事情確實會在悲傷中得到明顯的緩解。也許你對他人更有同情心；也許比起失去之前，你現在更能夠說清楚自己的底線；也許你的失去讓你對人際關係或是對世界現狀有了新的領悟。

你從失去中學到了什麼？請在下面列舉出你的收穫。

我現在所知道的

悲傷是我「多帶的客人」。
你能否在你的

_____

留一個位置給它？

感謝你的邀請。
我太難過了，不能去參加。

很抱歉，我無法去赴你的

_____ ，

悲傷並不喜歡聚宴飲。

我不能去你的

_____ 。

別人的幸福令我難以靠近。

我現在無法和很多人待在一起。
要不要改為見面喝茶？

請過來參加我的

_____ 。

每一個人的傷心事我們都欣然接受。

如果你能給我一個幕後的工作，
我會去參加你的

_____

這樣對我來說比較好處理。

你不求的最佳禮物

　　從P124的清單中選擇一份禮物或新的領悟（或是選擇一件全然不同的東西）。在下方的空白處，畫出或拼貼出代表這份禮物或領悟的圖像。你身上帶著什麼「最終的恩賜」呢？

當全世界的人除了你以外，彷彿都對你的身分和你所代表的東西感到不適，
將這個形象保存在你的腦海中。你身負著必要且強大的禮物。

PART 3

返回
RETURN

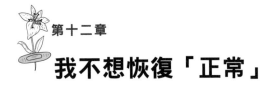

第十二章
我不想恢復「正常」

失去得經整合而為一體，而不是被克服。

好起來，甚或是將你的失去整合，這一整個想法可能會令人感到不舒服，特別是在悲傷早期。對許多人來說，他們的悲傷是他們與所失去的那人之間最重要的連結。好起來可能意味著那個你失去的人，或無法再過的生活——不再那麼重要了。如果你的人生能夠簡單地繼續向前邁進，那是不是表示在你失去之前的人生就沒那麼特別了呢？

利用此處的空白，寫出你對「向前走」的恐懼。如果你不確定該從哪裡開始，可以試著從這句話開始：「如果我『好』起來，是否意味著再次失去你呢？」

活下去和時間的流逝

俗話說：「時間會治癒一切創傷。」這句話整個說錯了。好吧，是不夠精確。時間的流逝不能解決任何問題。它所做的，就它的本質而言，是磨去失去這把刀的利刃。是**磨去**，而不是抹去。

接下來，請先設好計時器再寫。在十分鐘內，從下面幾個問題之中擇一回答探討——

* 你是否擔心時間會讓你的失去淡化成背景，讓它有如一場遙遠的夢，彷彿從未發生過？
* 你是否有過這樣的時候，感覺自己可以從失去中活下來——那種感覺是否嚇到你了？
* 有時候，悲傷會使時間看似被凍結在原地。如果你感覺到時間似乎又開始移動了，那是什麼樣的感覺？

如果你想用不同的方式來探討時間這個主題，可以用「時間無法抹去你⋯⋯」這句話開始寫起。

失去對世界的信任

　　有些失去重新安排了世界的秩序——你可能只是不再相信會有好事發生；或事情到頭來總會柳暗花明，絕處逢生。失去對積極結果的信念是一個重大的二次損失。你不可能不知道你所知道的，也不可能見不到你已經見到的。

　　把你不再相信的信念填在下圖的空告示牌上。

痛苦的冰山

　　外出時，我們往往會套上「公眾」形象出現，把私人的痛苦隱藏在「我很好，謝謝」這張嚴密的面具背後。我們把大部分的悲傷都隱藏在公眾的視線之外，有很多事情都沒有說出來。

　　如果你能對別人開口，不妨將關於悲傷和愛與失去的實情告訴他們，一些他們不知道或是無法知道的事──那會是什麼事呢？如果能告訴他們真相，你又會說些什麼？

　　你可以從「你不知道的是……」或「沒有顯示出來的是……」甚至是「當然，我已經改變了。」開始。計時，寫下你的回應。

保護別人

安東尼奧：你不留久一點嗎？也不願讓我陪你去嗎？

西巴斯辛：請你原諒，我不願。我頭上的星辰閃耀著黑暗之光，我的厄運也許會連累你，所以我懇求你離開我，讓我獨自承擔我的厄運；假如有牽連到你身上，那就是恩將仇報，辜負你的盛情了。

——莎士比亞《第十二夜》

當屬於你的星星在你頭上暗暗閃耀，你是轉向孤獨，還是找機會與人分享你的黑暗？你是否試圖保護他人免於承受你的痛苦？你是否出於愛和對他們的關心，避開他們？

人們需要被屏蔽在你所生活的現實之外嗎？計時，寫下你的回答。

_____

_____

_____

_____

_____

_____

_____

_____

_____

_____

_____

_____

_____

_____

悲傷的家譜

> 我們之中有一個人，半開玩笑地說：「這裡將是我們梅杜莎可以脫帽的地
> 方，不必在意看到所有的蛇。」
> 因為我們不僅能夠忍受彼此的視線，我們還渴望看到對方。
>
> ——凱特·英格利斯（Kate Inglis），glowinthewoods.com

在你和外部世界之間存在著巨大的鴻溝。雖然這條鴻溝本來可能不是一直那麼清楚，但現在卻很清楚。現在是你需要其他傷逝者的時候——他們能夠看著你，並真正看到、真正認識到你生命核心的崩毀。

被看見會改變悲傷中的一些東西。它是有益的，它還可能是唯一有用的。

將你在悲傷中發現的人畫為家譜圖，注意他們為你帶來什麼，你又帶給他們什麼。記住要將網上的朋友納入。

在失去中的陪伴是極佳的指標，
不是恢復的指標，而是生存的指標。我們互相需要。

傷逝者的權利法案

　　個人關係在悲傷中會變得緊張。為了幫你應付這些關係，這裡提供一份關係的權利宣言——

- 你有權得到陪伴。
- 你有權獨處。
- 你有權告訴別人什麼是有用的，什麼是無用的。
- 你有權讓別人感到不舒服。
- 你有權說出真相。
- 你有權拒絕所有不請自來的建議。
- 你有權根據自己的需要和最親近的人的意見做出決定。
- 你有權說不。
- 你有權說是。
- 你有權求助。
- 你有權不透露個人訊息。
- 你有權尊重你失去的人或物。
- 你有權主張個人的意義。
- 你有權感到傷心。
- 你有權得到存在的平靜。
- 你有權不成為別人的「靈感」。
- 你有權宣稱事情很嚇人，或是很棒，而不受議論。
- 你有權從感情和人那裡得到喘息。
- 你有權去改變。
- 你有權感到矛盾。

　　現在，該你了。在下一頁的空白處擬出一份個性化的關係權利宣言。寫出風格，寫下精采。拍照存在你的手機裡。在經歷過一次不那麼有用的人際交往後，再回顧你的宣言會特別有幫助。

第十三章

你的悲傷，你的方式

悲傷並不是針對少數人的啟蒙計畫。沒有人需要激烈的、改變人生的失去來成為他們「注定應該」成為的人。生命並不是像這樣的因果關係——你需要成為什麼，所以生活給你一場可怕的經歷，促成它的發生。正好相反，人生是一種**召喚**與**回應**。我們對我們所經歷的做出反應，這無所謂好壞。不過是如此而已。前行的道路是整合，而不是改善。

有的失去會重新安排世界——死亡改變你看待一切的方式；悲傷摧毀一切；痛苦將你帶入一個全然不同的宇宙，即使別人認為一切並沒有真正改變。

你不需要這種「失去就能了解什麼才是生命中真正重要的東西」的論調，失去這個可不是為了讓「更適合你」的東西出現，轉變的工作並不適用於此。你不能只是……積極行動、找到意義、振作起來。

你**不需要**這個。你不必從中成長，也不必把它拋在你腦後。這兩種反應都過於狹隘和羞辱人，用不上。

改變人生的事件不會悄悄地溜走，它們也不是為過去所犯的錯誤贖罪。它們改變了我們。當我們往前活下去，它是我們立基的一部分。

你在此一失去之上所建立的，可能是成長；可能是一種追求更多美、更多愛、更多整體性的姿態。但那是出於你的選擇，是為了與你是誰和你想成為什麼樣子達成一致所做的調整，而非悲傷給你一張單程票讓你成為一個更好的人。

當你選擇從你的失去之中尋找意義或成長，這是一種個人主權和自我認知的行為。但當別人將你的成長或意義歸因於失去，它只會削弱你的力量，以你不察的方式羞辱或評判過去的你，並且告訴你在某種程度上你需要這麼做。

關於主權

　　主權是指一個主體對自身所擁有的全部權利和權力，不受任何外部來源或客體的干預。你在自己的悲傷中擁有主權。

　　主權意味著你有權做你自己，即使這會讓別人心煩。主權是決定「什麼是有意義的？什麼能帶來安慰？」的權利。

　　只有你必須這樣生活，也只有你有權決定你需要什麼。

　　在下方的空白處，寫上十分鐘，或是寫到你覺得寫完為止。以此開頭：「只有我有權利……」

沒有真相，除了你口中的真相

你知道人們都是如何說著「他不希望你傷心」這類的話嗎？我總是想反駁對方說：「我很肯定他會希望我說實話，而不是連對我自己的感受都要撒謊。」

說出真相是強有力的，即使真相與別人的意見相牴觸亦然。有時候，宣稱你有權說實話感覺很有必要，爭取這個權利就從說「不」開始。

說「不」是很重要的。

「不」就是拒絕所有不真的東西，拒絕所有的不實。

「不」就好比在最真實的東西周圍設下一個保護圈，聲稱它屬於你。

世人是如此重視在悲傷中尋找美，或是找到可供堅持下去的積極性，至少從外面看是如此。如果你不去追求幸福，人們似乎會認定你不夠努力。你不真的被准許說出事實，除非有人跳出來說你不該有這種感覺。

說「不」是很重要的。說出真相很重要。沒有什麼真相，你說的就是真相。

來玩玩「不」和處於悲傷中的主權概念，計時，然後開始寫「只有我說的才是真相」這句話。

用你的回答填滿這幾頁。

是力量，不是糖衣炮彈

即使有一整支啦啦隊告訴你，你有多麼堅強，對你也沒有多大的幫助。堅強往往是指不讓你的失去困擾你，或是抿著嘴壓抑內心的情緒。對一個傷逝者說「堅強點」實在是太奇怪了。

可是你確實需要**力量**（**Strength**）──讓你在希望自己不再醒來的時候，有力量再多活一天；讓你的視線停留在殘留的愛之上，而不是浸泡在苦澀或仇恨中。當你說出你的優勢力量，你就能選擇如何運用這些力量，以及它們的意義。

利用這一頁和下一頁，畫出或拼貼出你的優勢力量。在悲傷中是什麼力量幫助你活下來的？

心存感激

　　在你的悲傷之外的人，往往習慣於拿來當武器用的還有「感恩」這東西——

「別這麼傷心了！你還有兩個孩子。為此你要心存感激。」
「世界上有些人在悲傷之餘，還得應付戰爭等暴力。有些傷逝者甚至連住的
　地方都沒有！你應該為你現在所擁有的一切心存感激！」
「你應該感激。至少你曾經擁有，有些人從未經歷過。」

　　如此這般使用感激，也不過是羞愧披上假仁假義的大袍，裝扮起來罷了。
　　別人比你更慘，並不表示你就沒有權利痛苦。你愛惜且珍視生命中仍然擁有
的人，並不表示重要的人不在了也沒關係。
　　感恩是悲傷時的良伴，就如美和意義一樣，而不是解決悲傷的辦法。利用下
一頁的空白，按你自己的主張，將令你感恩的事描繪出來。

如果你把感恩視為伴侶，是否會改變你對聲稱感恩的感覺？

寬容的眼睛

有時候判斷是一種內在的工作。

看看你的眼袋！還有那些皺紋！悲傷令你蒼老。你很清楚，如果你吃好一點、上健身房，事情就會容易得多。你怎能睡上一整天呢？你失去的那個人肯定希望有這樣的一天，而你卻在這裡浪費它！

哇！

你對自己實在太苛刻了，只為了未能搞定悲傷而羞辱自己。

大多數人對自己的要求，比他們允許別人的都要嚴格得多。這一章講的是爭取屬於自己的真相和尊重自己的優勢力量，我們就要結束這一章了，再試一件事吧。這不會太容易。

在下一頁，貼上你自己的照片，或是畫出你的樣貌。

標出你的臉、你的身體和你的心智，**好似這個你是你所愛的人。**

與其將你眼周的皺紋貼上猙獰、可怕、難看的標籤，顯示出你有多悲傷；不如畫一個箭頭，寫上「辛苦掙來的皺紋，疏導我眼裡的淚水，讓它們繼續流淌。」

畫一個標籤指著你的頭，你可以寫上「一個聰明的大腦，加班工作，試圖理解這一切」。

當（不是萬一）你思路打結了，問問自己，如果用更寬容的眼光看自己，會看到什麼？

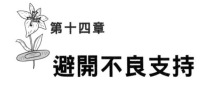

第十四章

避開不良支持

即使對方是出於最大的善意，來自於他人的「支持」仍可能讓人完全感覺不到支持。

當陳腔濫調和加油打氣聲來自四面八方，不幸的是，粗魯無禮、不體貼、輕慢的話語是家常便飯。大多數人並非有意表現殘忍，只是還沒學會用更為妥貼的方式表達他們的支持。

但是，他們不懂，並不意味著你就得苦笑且忍氣吞聲。

本章的練習將會鼓勵你，在置身於這些無濟於事的幫助之中時，適時表達你內心的酸澀，且提供工具，幫助你與那些不懂（或不想懂）的人，釐清並且加強你們之間的界線。

小提醒：關於做好人

別人講話不體貼時，我們不會嚴詞指責他們；即使明擺著是無禮的事，我們也不會指出這件事是多麼無益或刻薄。為什麼？因為我們要做「好人」（Being "nice"）。

好人（Nice）這個詞的典故很有趣。

它源自十二世紀的法語和拉丁語，意思是「愚蠢」和「無知」，字面上則是「沒知識沒文化」的意思。

做好人意味著不說出你所知道的真相，因為真相會破壞社會和諧；做個好人意味著自我噤聲，而不是讓別人不舒服；做好人意味著放過無禮的話語不提，讓無禮的人不必為他們的話感到懊悔。

計時，寫下你對這兩個問題的回答：

做個好人我有什麼好處？

做個好人我有什麼損失？

你可以善良（be kind），但是不用當好人（be nice）。

你深陷其中嗎？

經常有人問我，當朋友或家人似乎「陷」在悲傷中，這時該怎麼辦？我的回答都是這樣的：「在你看來，『不陷在其中』應該是什麼樣子？你期望是如何呢？」

對大多數人來說，「不陷入其中」意味著這個人回到了工作崗位、恢復了幽默感、參加了社交活動、不再每天哭泣、把某人的照片都收起來，並且能夠談論他們的失去或悲傷以外的事。

他們看似……又開心了起來。

我們常認為「快樂」等同「健康」，好似快樂是我們按部就班生活時的底線，而這條底線是一切事物所遵循的標準。簡言之，「回到正常」與「陷入其中」相反，而恢復正常（快樂）應該很快會來到。

當你把悲傷看作一種需要守護的經驗，而不是一個需要解決的問題時，「陷入」悲傷的情況可能會顯得完全不同。

在你周遭的人看來，「陷入悲傷中」是什麼樣子？在空白處與下一頁畫出來、拼貼或寫下來。

老生常談的檢核

如果沒把握某人說的話，是否真如感覺的那般不對勁，用下面的「老生常談檢核」試試看。將他們的陳述置入其中的空白處，看看它與後半句搭配後聽起來如何。

至少你擁有過他了……所以別再傷心了。
他們現在去到一個更好的地方……所以別再傷心了。
現在就是要看看你到底有多堅強……所以別再傷心了。
這不是命中注定……所以別再傷心了。

…所以別再傷心了。

…所以別再傷心了。

…所以別再傷心了。

…所以別再傷心了。

…所以別再傷心了。

…所以別再傷心了。

嘔吐指標

你需要做個決定嗎？你應該何時清理他們的衣櫃？你該要搬家還是留在原地？你需要換工作、展開一段新感情、把他們的照片收起來、不再戴著戒指？在悲傷的世界裡，有太多不請自來的忠告和意見，使你很容易忘記自己真正想要什麼。

別人的焦慮不該迫使你在尚未準備好的情況下做出決定。即使你把那人穿的鞋子留在玄關處（不管這麼做有多讓人心焦），災難也不會降臨到任何人身上。

「嘔吐指標」是一個很好的決策工具──如果一想到要做某件事就會讓你感到噁心，就表示現在還不是時候。說到悲傷，沒有所謂的太早或太晚。你會在該做的時候，做你該做的事，一刻也不會提早。它可能永遠不會讓你覺得舒服，但如果它讓你感到不舒服，就表示現在不是時候。

利用嘔吐指標，對你必須做出的決定或感覺上你**應該**做的任何決定，進行分類。哪些事情讓你感到噁心？哪些不會？如果有任一個決定感覺是中性的，就把它放在中間。

大多數的事你可以慢慢來。不要讓別人逼你去做你還沒準備好的事。

你留不住的東西

　　一件傳家寶有了破損；蠹蛾鑽進那個人穿過的毛衣；一個遠親聲稱對某些東西擁有所有權，或者你只是沒有收納的空間。不管你有多想，你總是無法留住所有能讓你想起失去的那個人之物。

　　在這一頁和下一頁，附上你不得不送走或扔掉的東西的照片（或畫草圖）。寫幾句話，說明每件物品對你的意義。

存放我無法保留
的東西之處

你不是早該放下了嗎？

哦，我知道，你試過把悲傷這件事告訴別人。你試著解釋過「事出必有因」是個差勁的說法。在鄰人堅持你應該已經放下這件事時，你也試著捍衛你有傷心的權利。你甚至嘗試過抱著慈悲心。但是微笑與點頭這一整套行為，似乎只是讓人們針對悲傷所提出的忠告如雪片般飛來。

有些人就是不懂。他們不是**做不到**，只是**不願意**。你的話永遠無法讓他們明白。

你的悲傷，就如你的愛，都屬於你自己。沒有人有權支配、評判，或是否定屬於你的生活。然而，他們雖無**權**評判，我們卻無法阻止他們去評判。

即使是最好的辯護也無法阻止評判的發生，因此如果你不想再聽到這些評斷，就需要釐清你的界線。你需要表明你的悲傷是不容商榷的，然後，你需要乾脆避開爭論或對話。

這麼做肯定是說起來容易做起來難，所以這裡提供幾個步驟——

這三個步驟，一連使用的話，可大大減少進入你耳朵的評斷。你將能夠像個悲傷合氣道大師，避開那些揮舞著評判的狂人。

清楚且冷靜地回應他們所關注的	釐清你的界線	重新調整談話方向

下面是這個過程實際操作起來的樣子。

舉例來說，你和某人就悲傷這個問題爭論了一個小時。或者，更確切地說，你一直在為你的悲傷辯護。讓我們將你從中解救出來。

首先，肯定他們的擔憂：「我很感激你關心我的生活。」

其次，釐清你的界線：「我要以我自覺正確的方式去生活，我沒興趣討論這個問題。」

第一步和第二步是釋除他們的疑慮和釐清你的界線，通常兩者結合為一個聲明：「感謝你關心我的人生，我將以對自己而言正確的方式去過生活，我沒有興趣討論。」

在這項聲明之後接著提出第三步，重新轉移談話（或者說改變話題）時，再次釐清你的界線可能會特別有效：「我很樂意談點別的，但這件事沒有討論的餘地。」

我知道，這口氣聽起來很硬，很怪。但這話的意思是（包含正式的措辭）——你畫出一條清楚的界線，不允許任何的越界。

如果在你的生活中，有人不願意接受這樣一條明確的界線，想要進一步爭論，你可以態度堅決地用一句現成的話帶過，例如：「我不願討論這個話題。」然後把話題轉移到其他方面。

如果他們還不放過你的悲傷，你可以結束對話，走開，或是說再見後掛斷電話。重要的是別讓自己捲入論戰之中。你的悲傷不是一場爭論，你不需要為它辯解。

一開始會很尷尬，但是只要你多練習了幾次，釐清界線並重新引導對話就會變得越容易。最終，你身邊這些人要不是明白這個訊息（並不是說你不需要放下它，而是你不願意討論它）；要不就是離開。即使是那些貌似不可動搖的人，假如他們不能接受你的界線，最終也會消失。

悲傷絕對會將你的人際關係重新洗牌。有些人會和你一起度過難關，而有些人則會消失不見。有些人，你以為會一直在你身邊的，可能徹底消失；某些原本在你生活邊緣的人，則可能會站出來，以你意料不到的方式支持你。

在你生命中的這些人，如果能夠接受，甚至欣賞你忠於自己的心，他們就會和你一起度過難關。如果做不到，就讓他們去吧，體體面面、清清楚楚地帶著愛離去。

我的口頭禪

你不需要為你的悲傷辯解。一個人如果表現得像個混蛋（不論是有意或無意），只要一、兩句現成的話就可以改變談話方向，或將你從中完全摘出去。

利用下面這個空間來發想，如果有人試圖把你拉入紛爭之中，你會說什麼？當你想出一兩句好話，用手機將它拍下來，如此一來你就能準備好隨時反擊。記住，你的目標不是取勝，而是為了避免無謂的爭論。

第十五章
朋友和盟友與求助

雖然有些人確實是十足的混蛋，但大多數人是真的想幫上忙。

看到你愛的人處於痛苦之中是很難受的。這是一種無助和愛的強烈結合，使人不顧一切想讓你的情況好轉——他們希望你沒事。

不過，你不需要忠告，你不需要解決方案，你不需要加油打氣。你是需要有人看到你的悲傷，承認它。

你需要的是當你站在那裡，驚恐萬分地盯著你生命中那個巨大空洞時，有人握著你的手。

陪伴就是一切。

本章將幫助你去幫助別人。在你沒有精力去教育出於好意的親朋好友時，本章所提供的工具可以為你辦到這點。

對大多數人來說，尋求幫助並不容易，所以請先為下一頁的圖片塗上顏色，來幫助你進入狀態。

集思廣益實用的方法（與極不切實際的方法）

寫出你可能需要幫助的所有方式，來自朋友、家人、治療師、醫生，甚至偶然遇到的陌生人……不管有多麼瘋狂，或多麼苛求，你都可以隨心所欲。**在這裡**不妨就自由地提出一切要求吧！

如果你是一個完完全全的「實務派」，或是嘗試過簡單生活的極簡派，這會讓你發現一些你可能意想不到的事。

一旦寫滿了這一頁，回過頭來看看你寫的內容，然後圈出適合在別人問：「我能幫什麼忙？」時，你可以提出的要求。你甚至可以為每個潛在幫助者塗上一種顏色，用顏色來區分誰可以做什麼事。

「如何幫助我」小冊

　　大多數人**確實**是出於好意，只是他們所做的事往好的說是無濟於事；往壞的說則是無禮或輕慢。

　　他們需要推一把，才會明白什麼是真正的幫助。

　　但是你正在哀痛。你又沒有那麼多的精力去教育別人，如何用最好的辦法支持一個傷逝的友人。甚至有可能連你都不知道自己的需要，你要怎麼告訴別人呢？

　　把這本簡便的小冊子遞給想要幫助你的親朋好友。如此一來，你就不需要浪費任何精力去解釋，為什麼「起碼你現在知道什麼是真正要緊的」這句話並不是一種有用的觀點。

　　請務必查閱小冊子背面的「我不知道要如何幫忙」小單元，再添上親朋好友可以幫你做的具體事項。你可以添上，諸如：「週二晚上把資源回收垃圾拿到路邊去放」或「我們很希望每週幾個晚上能有人提供適合孩童吃的餐點」這一類的內容。請提供切實可行的建議給支持你的團隊。

　　填上你的特殊要求，然後剪下這一頁，影印，將影本折三折，折成小冊子的形狀，然後分發給大家。你也可以下載稍大版本的小冊子，再印出來（請見書末〈資源〉部分的連結）。

　　如果你真的想讓你的人提供你一流的支持，請在小冊子內夾入一份《如何幫助傷逝的友人？——當你不知如何是好時該做的11件事》。這份資料與其他線上資源放在同一處。

　　最後，我也製作了可供下載的迷你教學卡，用於你不太想和某些人打交道，但是他們又需要一些改變話題的指點時（請見書末的〈資源〉部分）。

我想幫助
傷逝中的友人。

太棒了！

支持一個傷逝者是很辛苦的。看到你心愛的人如此痛苦會在很難過。無論你是在社群媒體之交、還是「緊急聯絡人」級的朋友，這本小指南將幫助你傳遞你最想給予的愛和支持。

但是我不知道
該說些什麼！

沒有人知道對處於悲傷中的人說什麼是完美、正確的。世上也沒有十全十美的事。無論你說什麼或做什麼都不會讓一個人的悲傷消失。但沒關係。悲傷不是一個需要解決的問題，而是一段需要照料的經歷。你朋友最需要的是你的愛和支持、你的傾聽，以及你願意現身（無論你覺得有多尷尬）。

你可以說：

「很遺憾發生這種事。」

或說句：

「我在這裡，我在聽。」

或簡單地說：

「這真是糟透了。」

HERE AFTER

here-after.com
@hereaftersocial
This pamphlet © Megan Devine
For more resources, visit here-after.com
欲了解更多資源，請上：here-after.com

我不知道
要如何幫忙。

以下是傷逝者提出的一些具體要求。問一問，或是主動提出幫忙，做些不在這份清單上的事也好。（採取行動之前，一定要像得對方同意。）

安排送餐

送食品雜貨

處理垃圾、堆肥、資源回收垃圾

遛狗／照料寵物、牲畜、花園

打掃衛生

照顧小孩或他們的玩伴

取處方藥

提供交通往返

幫助研究

處理帳戶或債權人問題

幫忙處理追悼會／葬禮

主持聚會

陪同一起去

過濾電話和短訊

我們的文化並不善於處理悲傷。我們不知該怎麼做，所以就按照別人教我們的去做：我們看著光明的那一面；我們試著讓對方感受好些——因為我們認為那是我們的善意。我們不想讓對方沉浸在悲傷之中。對吧？

不幸的是，無論你是出於怎樣的善意，試圖讓對方高興起來——事實上，試圖讓對方高興起來似乎很奇怪，但你不需要介入去辦法讓他們擁抱自己的痛苦。讓真正幫助對方的，這會讓人有多難。而你想要做的就是讓悲傷淡化，或是化無。你該做的就是見證——如果你選擇接受它，你將見證一件既美麗又可怕的事——別人的痛苦。並且抗拒那股想身為人就會想要解決問題或修正錯誤的衝動。

請記住，透過只是想給予支持、想要付出的心，去愛一個在痛苦之中的人，你就是在做好事。

傷逝者會願你在不完美的支持中跌跌撞撞，也比你什麼都不說要好。支持，而不是讓自己什麼都不說。笨拙沒什麼大不了的，笨拙是好的。你不需要完美。只需在場就好。

以下是關於悲傷的一些事實：

- 當你失去所愛的人（或物）悲傷是一種健康、正常的反應。

- 悲傷讓親人感覺不好並不意味著它不好。悲傷不是一種疾病或需要解決的問題。

- 悲傷持續的時間比你想像的要長得多。它不會在六週、六個月甚至六年後結束。愛有多久，悲傷就有多久。

- 每個人的悲傷都是獨一無二的，就如沒有哪段感情關係是一樣的，沒有人的悲傷是一樣的。

- 我們認為應該對傷逝者說的話，實際上大多弊大於利。

這裡有幾個選項：

- 避免問「你好嗎？」和「你真的好嗎？」，更好的問題是「今天過得怎麼樣？」或「今晚有什麼能讓人感到安心？」

- 把生日、節日、週年紀念日的提醒存在手機裡，遇到這些日子，給朋友發則短訊。

- 即使朋友不想慶祝，也和這位朋友在一起。你的陪伴意義重大。

- 留份愛心包裹給他們：零食、鮮花、小禮物，這些都很重要。

- 不要只等著在重要的日子才發送關心。隨便哪一天都行，告訴對方你在想著他。

- 露面向對方說：「我不知道怎麼做，但是我來了。我愛你。那麼即使感到幫不上忙我也願意，這樣是沒關係的。」這提供有形的、可靠的支持。

- 分享一段記憶，不要迴避談逝者。

你需要有人看見你的悲傷，承認它。陪伴就是一切。

感謝你的關心

　　你悲傷的時候，別人會評估你的情緒健康，這是很常見的。不知如何讓懷抱善意的朋友不再那麼擔心嗎？給他們一張「感謝你的關心卡」。你們可以一起討論，隨便選一個詞或是表情符號，當作你的心情密碼。如此一來，一旦朋友問你過得怎麼樣，你就可以發密碼給他們，這樣你們彼此都會知道它所代表的意思。

　　沿著虛線，剪下隔壁頁。將這兩面都影印到卡紙上，再剪下來，一張張與你愛的人分享。

　　無論是否使用實體的卡片，你都可以使用這些密碼範本——

　　我們約定「我現在很好」的暗號是 ＿＿＿＿＿＿＿＿＿ 。
　　我們約定「我們去個地方，不談這個」的暗號 ＿＿＿＿＿＿＿＿＿ 。
　　我們約定「天哪，太糟了！我需要支持」的暗號是 ＿＿＿＿＿＿＿＿＿ 。
　　我們約定「緊急狀況！我需要幫助」的暗號是 ＿＿＿＿＿＿＿＿＿ 。

看著別人受苦是
很難受的。

謝謝你守候在
我身邊。

看著別人受苦是
很難受的。

謝謝你守候在
我身邊。

看著別人受苦是
很難受的。

謝謝你守候在
我身邊。

看著別人受苦是
很難受的。

謝謝你守候在
我身邊。

看著別人受苦
是很難受的。

謝謝你守候在
我身邊。

看著別人受苦是
很難受的。

謝謝你守候在
我身邊。

我喜歡你來探問我，但有時我無話可答。
讓我們把事情變得容易些吧。
我們約定「我現在很好」的暗號是

_____。

我們約定「我們去個地方，不談這個」
的暗號是

_____。

我們約定「天哪，太糟了！我需要支持」
的暗號是

_____。

我們約定「緊急狀況！我需要幫助」
的暗號是

_____。

我喜歡你來探問我，但有時我無話可答。
讓我們把事情變得容易些吧。
我們約定「我現在很好」的暗號是

_____。

我們約定「我們去個地方，不談這個」
的暗號是

_____。

我們約定「天哪，太糟了！我需要支持」
的暗號是

_____。

我們約定「緊急狀況！我需要幫助」
的暗號是

_____。

我喜歡你來探問我，但有時我無話可答。
讓我們把事情變得容易些吧。
我們約定「我現在很好」的暗號是

_____。

我們約定「我們去個地方，不談這個」
的暗號是

_____。

我們約定「天哪，太糟了！我需要支持」
的暗號是

_____。

我們約定「緊急狀況！我需要幫助」
的暗號是

_____。

我喜歡你來探問我，但有時我無話可答。
讓我們把事情變得容易些吧。
我們約定「我現在很好」的暗號是

_____。

我們約定「我們去個地方，不談這個」
的暗號是

_____。

我們約定「天哪，太糟了！我需要支持」
的暗號是

_____。

我們約定「緊急狀況！我需要幫助」
的暗號是

_____。

我喜歡你來探問我，但有時我無話可答。
讓我們把事情變得容易些吧。
我們約定「我現在很好」的暗號是

_____。

我們約定「我們去個地方，不談這個」
的暗號是

_____。

我們約定「天哪，太糟了！我需要支持」
的暗號是

_____。

我們約定「緊急狀況！我需要幫助」
的暗號是

_____。

我喜歡你來探問我，但有時我無話可答。
讓我們把事情變得容易些吧。
我們約定「我現在很好」的暗號是

_____。

我們約定「我們去個地方，不談這個」
的暗號是

_____。

我們約定「天哪，太糟了！我需要支持」
的暗號是

_____。

我們約定「緊急狀況！我需要幫助」
的暗號是

_____。

開口求助是很難的

　　尋求幫助對你來說是什麼感覺？如果你和大多數人一樣，這麼做並不容易。記住，你的朋友**想要**幫你。他們希望你能讓他們愛你，以他們知所最好的方式。你可以開口尋求你需要的，沒關係。

　　為下面的訊息著上顏色。在它周圍畫畫、塗鴉或拼貼都可。拍照，存在手機裡，或是設為桌布，提醒自己去依靠你身邊的愛。

我可以提出
自己的需求

第十六章
兩個世界的主人

這裡沒有回頭路可走，沒有繼續前進。只有整合之前的一切，以及你被要求活下去的一切，一起前進。

與悲傷共存，意味著在**過去**與**現在**之間的橋上來回穿梭。總有一天，你會在這個新世界裡安家。但是你不能就這樣告別過去的生活，永遠不回頭。這不是人類的運作方式。

走過悲傷活下去，在於找到這兩個世界之間的連結。

事實上，我們什麼都抓不住——抓不住物質世界、抓不住感覺狀態，甚至抓不住我們自己的想法。但是愛……我們可以帶著愛。它將現在、過去與未來要發生的一切連結起來。它讓我們能在幾個世界之間旅行。

關於記憶

我們會在腦海中重播事件與記憶，拚命地想要抓住它們，尤其是在悲傷初期。畢竟我們已經失去了這麼多。我們害怕再失去所剩無幾的東西——我們記得的事、以前生活的心景。同時，有些事情我們希望自己能夠忘記——我們所愛之人受苦的景象，或者我們之間最後的那場爭執。

記憶可能很複雜。

計時，寫下你與記憶之間的關係。從「我想記住……」開始下筆。

你也可以改用「我需要忘記……」來代替。

讓你的記憶填滿這一頁。

你的寶藏是什麼？

　　畫出、拼貼或記下你最珍視的東西——記憶的片段、初次邂逅的情景、晨起例行的日常甜蜜、他們偶爾講笑話的方式。

　　你會在這個百寶箱中存些什麼東西？

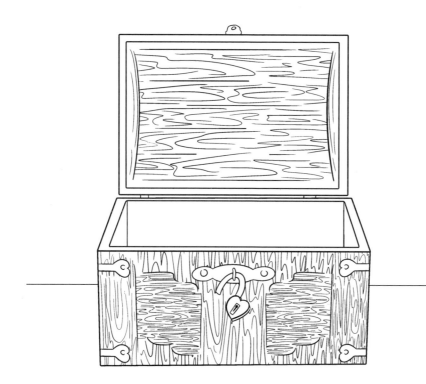

旅伴，而不是替代品

　　很多的悲傷支持（甚至只是日常生活）都會涉及到「是啊，但……」的回應——是啊，他們走了，但你應該心存感激。是啊，你很傷心，但是陽光如此燦爛。這些花開得如此美，難道不會讓你覺得好些嗎？你現在的生活中擁有這麼多美好的東西，為什麼還在想著他們呢？

　　美麗的事物不能取代其他東西。幸福或快樂的時光不能抵銷其他的感受。生活不是一場交易會，而我們在會場上用一物換取另一物。相反地，我們可以把這些時光和感覺視為旅伴——

　　光的漣漪穿過一片花田，來到你感覺的空虛之旁。
　　你心愛之人的笑聲與你的悲傷並肩共存。
　　你很高興朋友剛生了一個孩子，而你的孩子卻沒了，這事讓你非常生氣。

　　生活不是非此即彼，而是兼而有之。
　　利用這個空間來寫和畫「和」這個字，或畫或寫出在你悲傷中陪伴你的一切，不管「和」這個字今天對你的意味著什麼。

以美為盟友

　　當一切令人感覺迷失，我們依然可以尋找美。美的存在並非神奇到足以消除所有的痛苦，但是沒有美的存在會讓事情更難承受。

　　美可以是一個很棒的盟友。當世界感覺極度黑暗或悲傷，它可以讓你有所堅持。

　　利用這幾頁蒐集發生在你一天當中小小的美好事物——無意中聽到的對話、新開的一朵花、群鳥飛行排列出來的隊形、你從岩石或雲層中發現的隨機心形。把東西寫在、畫在或是直接貼在紙上。

　　美是存在的，即使你在悲傷中一樣存在。

悲傷的偵探

經歷過你所經歷的以後，你所知道的並不是人人都知道。你知道當人在這個世界裡移動著，但你內心的一部分卻留在另一個世界，那是什麼樣的感覺。

當你身處「正常」的世界，這裡提供你一個很俐落的做法——在不顯得奇怪和詭異的情況下，留意一個人是否表現出某種跡象，顯示他正承受著深深的失落。聽取線索，尋找深層世界展露出來的地方，它存在於縫隙中，在日常的微妙時刻。

這並不是說你必須採取任何行動，只需留意就夠了。

你可以在你的腦海中，給這個人愛與善意。把你注意到的線索當作提示，來柔化你的目光，打開你的心扉。也許你可以為這個世界增添慈悲之心，誰知道呢？我們總是用得著的。

當你意識到有人處於痛苦之中，可能會想默默發訊息給對方。在下一頁出現的漫畫中，填上這個訊息的內容。

你必須努力做到接受嗎？

有一位友人的丈夫，在他們出去度假時溺水身亡。六年之後，她寫道：「我在掙扎著是否接受。不只是接受他的死亡，還有接受我現在的生活，接受悲傷和孤獨的正常感覺，接受現狀。」

在悲傷時，**接受**是另一個經常被拿來當作武器的詞——你必須**接受**他們死了的事實。在你**接受**之前，你無法痊癒。

接受是指「採用或收受所提供之物的一種行為」。一般常見的用法中，這個概念是指「**心甘情願**且毫不費力，接收被提供的東西。」

這是很難做到的。你不必接受已經發生的事。我不懂怎麼會有人認為這是有可能做到的。有些事情是不能接受的。

我很想知道，是否與其講接受，還不如把認可（Admission）當作一個打算實現的目標更為可行。**認可**可以被定義為「允許加入」（Letting in）或「承認」（Acknowledging），這對我來說似乎更為寬容。

允許自己進入一種感覺狀態，而不去額外添加一套了不得的說法，這時候就是一個很有用的辦法，它還可以帶來很大的不同。比方說，當你感到一股熟悉的、深深的孤獨感回到你的心中，如果是以接受為中心思想的想法可能會是這樣——

我受夠了這種感覺。我希望我能接受他已經走了。

我的人生很空虛，可能永遠都很空虛。我不想要永遠的孤獨。但是他走了，

還有什麼呢？我希望我可以接受這個事實。

接受可能意味著你試著不再感到孤單。它提出一個神祕的、難以達到的感覺狀態：只要你願意接受所被給予的東西（心甘情願地），它就會成為你的。

誰會心甘情願地感到孤單？誰也不願意，沒有誰。

反之，如果你心裡想的是認可，內心的故事情節可能是這樣——

今天我感到很孤單。它是如此熟悉和沉重。好吧，那個孤單的自我：我看

到你了。你當然會感到孤單。

我很想知道今天有什麼事情能舒緩這種感覺？

你能感覺到不同嗎？這並不是說某種意圖上的轉變——歡迎和承認現實，而非試圖去「接受」它——會在突然間讓彩虹出現，讓你的生活重新開始。但練習認可每一種感覺狀態、看到它的本質，尊重它的有效性和真實性，問問你自己可能需要什麼之後，你才能夠回應這種感覺，尊重它，或是與它一起前進，這樣可能更為寬容（也更實際）。

認可能幫你走出任何一種自我鬥爭的故事情節，這些故事情節只會加深不舒服的感覺，而不是幫它減輕。

試試看吧！有哪三種感覺是你認為難以接受但還是存在的（你認為自己不該有這種感覺），利用下一頁的漫畫創作幾份備用的腳本。

畫出你自己，畫成火柴人的簡筆畫也無妨。其中一幅，寫下或畫出一種不舒服的感覺；下一幅漫畫中，畫出感覺自己受到支持可能需要的東西；在第三幅漫畫中，編一個新的腳本，用在你注意到這種不舒服的感覺出現時。

然後，將這個練習帶入日常生活中。試用你新編的腳本。看看結果如何。

從此處開始

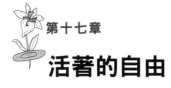

第十七章
活著的自由

雖然你的悲傷可能不是一直這麼沉重，但是就像你的愛一樣，它將永遠是你的一部分。人生可以，甚至可能會，再次變得美麗。但那是一種與失去**相伴**而建立起來的生活，既獲益於美和優雅，也受到破壞洗禮——而不是一種尋求抹去它的生活。

生活在這裡，與你的失去在相伴，並不容易。你很可能會熬過悲傷活下來，但我希望你得到的不僅僅是活下來而已。

如果這是另一類的書，最後這一章會是幸福的結局。我們會回過頭來總結你所學到的教訓，慶祝你的轉變，並且用一道彩虹或一輪落日這類的美景為一切畫上句點。但這不是那一類的書。

相反地，在最後這一章中，我們需要談談那些艱難的事——快樂、意義和希望。

快樂

快樂是複雜的。可不是你按照幾個簡單的步驟，就能成功從哀傷走向欣喜（不管某些廣告是如何這般聲稱）。現實生活沒有那麼簡單。

沒有人談到快樂的陰暗面——當你第一次感覺到自己在笑，真正的笑，它立即讓你的心感到一陣刺痛。一段意外的美好時光如何帶給你快樂的感覺，隨後又迅速產生一股強烈的渴望，渴求過去在你身上見到這種美的那個人，或是現在最懂得欣賞的人。

某一天，三年、五年、十年後，你不知如何意識到其實自己真的很快樂，明白這點讓你熱淚盈眶，因為你愛的那個人不在這裡了，不在這份幸福中，而你會為沒有他們也能找到幸福感到內疚。

　　快樂本身會讓人感覺到背叛。

　　任何形式的快樂都無法，也不會減少你對離去者的愛。愛並不是這樣的。它既不善變，也不脆弱。它不會受到快樂的威脅。

　　無論它看起來多麼不可能（甚至不受歡迎），快樂都會回來。這也不意味著你不再傷心。

　　計時五分鐘，在下面的空白處，寫下一段歡樂的時光，即使這份快樂令你心碎，也照樣寫下來。是什麼時候發生的？感覺如何？

兩者並存，不是非此即彼

　　傷逝者會抗拒任何快樂的念頭，因為文化訊息告訴他們，必須放下悲傷才能掌握快樂——**你不可能同時既悲傷又快樂！**

　　如果你必須放棄悲傷才能感受到快樂，那我們就有麻煩了。那份悲傷是不會消失的。只有當我們不把快樂與悲傷看作一種交換和取捨時，快樂才變得更有可能——**你可以同時擁有兩者。**

　　你與快樂是什麼樣的關係？你對快樂的想法如何？如果你不必放下悲傷才能抓住快樂時刻，是否會改變什麼事情呢？

　　利用下面的空白處，寫下你的回答。如果你覺得思路打結了，可以用「快樂是複雜的⋯⋯」這個句子開始寫起。

喜悅的願景

　　無論對你而言快樂意味著什麼，利用下面的空白處，畫出或拼貼出快樂的圖像。如果你不是處在一個感覺得到快樂之地，請創造一幅未來快樂可能包含的圖像。

意義

　　尋找意義是悲傷工作夢寐以求的聖杯——彷彿在你的失去之中找到應有之義，就能一勞永逸解決悲傷。

　　失去會終結意義。當對你來說最重要的那個東西已經不復存在，你該如何繼續下去？

　　意義是只有你才能主張擁有權的東西之一。它不同於找理由，不一樣的。要活出有意義的人生，就要找到你自己心海中的羅盤，在你履行對自己、對他人和對這個世界的承諾時，遵循它所指的方向。

　　這裡有一個需要技巧的練習——看看你能否找到一條從早年一直到現在都共有的意義線索。比方說：也許你小時候，會為被霸凌的孩子挺身而出；青少年時期，你可能會支持某一弱勢團體；又或許在你的職業生涯中，會想方設法為那些因性別或種族無法擁有一席之地的人服務。那麼「公平」就是交織在這一切選擇中的一條線，它一直都在那裡。那潛伏的意義或承諾感可能已經在你的悲傷中變得黯淡無光了，但是我猜想它就在某個地方。

　　在下方的空白處，畫一條生活的時間軸。當你回顧過去，是否注意到哪些主題？是什麼樣的意義或承諾之線貫穿著你生命中不同的季節？

　　如果你覺得遵循生命主題這個想法很有趣，還有很多地方可以進一步探討。請查閱書末〈資源〉部分的連結。

現在如何？

　　探索一下對你更有意義的東西。接下來的幾天和幾週，你會如何表達貫穿你生命的那條共同線？歡迎提出瘋狂的想法，在這個探索中不必講求實用。於下方的空白處拼貼、書寫或畫圖。

迎接明天

當你想像自己的餘生，你可能會有一種有趣的反應——恐懼。

展望未來可能有困難。那感覺是多麼沉重，綿延不絕的這些年，就像被判了無期徒刑。在我悲傷初期，如果有其他傷逝者告訴我，他們的生活在五年、九年或二十年後變得多麼精彩，我只會說：「那不是我的人生。這種事永遠不會發生在我身上。」

聽著，你**剛剛**承受了這麼重的壓力。只有幾分熟悉感。你如何學會背負它，這還有待觀察。你不可能現在就看到幾年後的路。

展望未來，只會覺得很糟糕。你無法想像自己可能變成什麼樣子、你沒有足夠的資訊。有些事情只有在你生活的時候，才會聚合起來。

如果長遠來看實在太遠了，就看看今天——此地，此時，就在你腳下。興趣或意義的火花無須燃燒過今天。

計時五分鐘。在下方的空白處，寫下今天覺得有意義的事。明天找出你身邊一些有意義的東西，寫下來。然後隔一天再做同樣的事……日復一日。

希望

悲傷，就像愛一樣，有它自己的時間軸和成長曲線。正如所有的自然過程，我們無法完全掌控它。你能控制的是如何照顧自己。

好好與悲傷共存，意味著找到保持真實自我的方法，尊重你是誰，尊重以前發生過的，同時過好剩下的日子和歲月。好好活著不是指你要做什麼，而是指你要如何接近自己的心，如何活出這一生對你的要求。

但是，當你對腳下這塊土地都已經不確定了，更不用說未來的日子和歲月會帶來什麼，這時候要向前行並不容易。

重要的是，給自己一個形象可以活出你自己來，特別是在這樣一個混亂迷失的時期。一個能有所盼的東西、一個屬於你的東西。接下來的練習將會幫助你找到那個願景。

想像你的生活

帶著愛向前行，而不是「繼續前進」，是一個複雜的過程。

有鑒於你的失去是無法彌補的，那麼要過美好生活會是什麼樣子呢？你如何在這個完全變了的世界上生活呢？

用這一連串的問題為出發點，利用下面幾個頁面，探討你自己對「好好活著」的想法——你希望過什麼樣的生活？

有鑒於你必須活下去，那美好生活的要素是什麼？美好的人生嗎？
既然知道目標不是完全抹除悲傷，那麼治癒會是什麼樣子？
為你自己，也為別人，你想成為什麼樣的人？
你對自己有什麼期望？

你可以一次回答完這些問題，為你生命中的這段時期訂出一個大方向；或者你可以每天問自己其中幾個問題，並檢查一下在特別的某一天，感覺是否對了。你也可以把你對這些問題的答案拼貼出來。有很多方法可以去探索你希望自己的生活是什麼樣子。

你以前從來沒有經歷過這樣的生活。當你想明白了，要溫柔待自己。

前方的未來

　　你可能很難為自己的生活規畫出一個願景，在悲傷中尋找伸手可及的夢想可能頗為棘手。讓我們去尋求你所期盼的感覺狀態來代替，再加入一點時間旅行的魔法。利用這一頁拼貼、畫出或寫下祝福給未來的自己。你希望有一天自己會成為什麼樣的人？你希望未來的生活是什麼樣的？如果你的思路打結了，可以用「但願你知道⋯⋯」或者「但願你能感受到⋯⋯」開始下筆。

有一個網站FutureMe（futureme.org）很棒，它可以讓你寫信並安排寄給以後的自己。如果你繪畫或拼貼了給未來的祝福，把你創造出的東西拍下來，發給未來的自己！如果你想收到來自其他傷逝者的祝福，可以在書末的〈資源〉部分找到一個能這樣做的連結。

活著的自由

我們無法以積極的方式結束這本日誌，但是我們可以用充滿希望的方式結束它——這是你的人生。

這一生的故事尚未結束。在你的生命中存在著，帶著悲傷、帶著愛、帶著你失去的那人、帶著你自己，持續而不斷變化的關係。你的生命中有冒險、有艱辛、也有禮物。你的人生依然是一段英雄的旅程。

在你的心底最深處，你是自由的。你可以一種尊重你的心、你的失去，尊重之前發生的一切的方式，自由去生活。

在一個感覺並不公平且不受控制的人生中（它往往就是不公平和不受控制的），你可以自由選擇你的反應。這可不是什麼流行心理學「盡力而為」之類的廢話——選擇你的回應方式就是爭取你的權利，按照自己的意願生活的權利。這是關於主張你自己的主權，關於按照你個人的意義或方向去過這一生。你該做的就是靠著你能找到的任何愛、善意與陪伴，盡你所能照顧自己。

熬過悲傷生存下來是一場實驗。違背你個人意願的一場實驗，無論如何還是一場實驗。除了帶著你的愛和失去與你同行，繼續探索前面的道路，沒有什麼可為的。願歡樂、意義和希望，加入你與你一路同行。

讓我們以一封寫給你的愛的短箋來結束這本書。當你繼續探索你沒有預料到的這個人生，隔壁頁上的訊息是你要隨身攜帶的。用來收尾的這則訊息也有原文音頻檔可供下載；你可以在書末的〈資源〉部分找到連結。

這本日記的最後，有幾頁是空白的。利用這些空白來書寫、繪畫，並且探討你對這封收尾信的回應，或者自己寫一封情書也行。

給你的信

在軟化中，在柔情中，我們恢復過來，變得可以承受痛苦和愛。讓我們的心可供驅使。臣服，不要抗爭。一切並不好，而我們就在這裡生受著，所以我們盡可能輕柔地示人。以柔情示人，面對現狀，軟化它。臣服。

悲傷不會顯示給你看，你已經迷失了方向。悲傷是道路。軟化你的心是一種激進的行為。去渴望擁有美麗、溫柔與善的東西。伸出你的手，看看會有什麼。拿出你的心，作為一個接納已經到來的處所。

此時此刻在這裡的是愛——它在這裡不是來讓事情變得更好的，不是來驅散悲傷的，不是來給你理由的。它就只是在這裡。

此刻愛就伴在你身邊，即使你感覺不到它，即使它似乎已經從視線中消失了。也許愛仍然以任何一種形式與在你同在——愛隱藏在一切之下。它沒有道理。我不認為它試著講道理。但是在一切事物之下、周邊及其內都有愛。

也許這份愛知道，也許愛就在那裡，為你做好了最好的準備，為了未來，為了現在。也許你一直都是有伴的，在這一生中，透過各種形式的愛，不論任何時候。

你吸入了所有可供驅使的愛，這時候你會感覺到一股溫柔進入身體，升起來迎接你，環繞你的心、握住你的手。無限的愛。無限的柔情。

愛與你同在這裡。一份為你心碎的愛，就如它與你一起心碎。就在你身邊，就在這裡。你呼吸著所有可用的愛，所有的溫柔。我們用愛迎接痛苦，向愛敞開。

而我們一次又一次重返，選擇活在當下、感受當下，甚至接受這個——甚至這個。事事不盡如人意，而你就在這裡。

在愛中開始的，沿著這條路，在這條路上繼續。

願你懂得愛。
願你懂得寬容。
願你從苦難中解脫。

願你在持續不斷的試驗中仍懷抱著希望——相信有一種愛，它雖不能拯救你，但仍是你的避難所，你的家。

願你在這本書中找到的東西能幫助你，背負屬於你的東西活下去。

致謝

我不知道在我的人生首度偏離正軌的時候，我是否會喜歡這麼一本書。當整個世界感覺都不對勁時，即使是最好的資源也會讓人覺得不對勁。我希望我在這裡所提供的東西，能令多年前的那個我覺得美好且有用。

我很榮幸能夠透過我的「書寫悲傷」課程和社交媒體平臺，接觸到成千上萬傷逝者的故事。

感謝我的寫作班學生和我的讀者，謝謝你們與我分享你們的悲傷。你們對自己的愛和對失去的人那份愛，在你們的文字中閃閃發亮。寫作時，我將你們放在心上。

在我寫作這本書的初期，傑恩・艾金納（Jayne Agena）——我那出色的贊助人，還有悲痛革命街道小隊的其他成員，提供了我寶貴的建議。我親愛的朋友暨同事潔西卡・朱克爾（Jessica Zucker）博士提供我所需的精神支持和意見，並且在必要的時候提醒我，其實我也做得好難事。我的經紀人大衛・傅給特（David Fugate）一如既往擔任我的理性代言人。莎曼珊・布洛迪（Samantha Brody）博士為我的諷刺和挖苦提供發洩的管道，並充當了我的品管員。麥卡（Maika）和喆（Zee）則是負責維持我們的悲傷革命總部繼續運作，好讓我能夠抽身出來，投入這本書漫長的創作過程。

正是因為這些人，使這本書成為可能，謝謝你們。

同樣地，感謝我在Sounds True的團隊，也感謝娜亞・伊斯梅爾（Naya Ismael）所畫的插圖。我們一起創作了可愛的東西。

寫作最後這一部分的時候，有一隻精力旺盛的小狗就在我的腳邊。

許多年前，麥特與我一起收養了屬於我們的狗。如今他們都已經離開很久了，一眨眼就是永恆。快樂確實再次降臨，只是以不同的形式，在不同的時間出現。

不管是什麼讓這一切成為這樣，謝謝你。感謝你所做的這一切。

資源

支持組織

　　請注意，支持傷逝者而不是將其病態化的組織，多少有點不足。隨著我們開始討論悲傷的現實，新的支持服務將會出現。外面**有的是**針對各種不同失去的好組織，例如下面幾個例子。不斷找下去，直至找到感覺對了的組織為止。

國際資源

- 「說出悲傷」（speakinggrief.org）收藏了美國公共廣播公司拍攝的同名紀錄片，還有幫助走出悲傷快點好起來的資源。
- 「同情之友」（compassionatefriends.org）社團則為失去子女的父母提供支持。
- 「晚餐聚會」（thedinnerparty.org）是一個全球性的社團，是由一群失去父母、伴侶、孩子、兄弟姐妹或密友的年輕人組成，這些人的年齡在二十至三十歲上下。
- 「國家悲傷兒童與家庭中心」（dougy.org）提供了支持和資源（包括為青少年提供悲傷工作練習手冊和為學校與傷逝家庭提供的資訊／資源包）。
- 「現代失去」（modernloss.com）提供美麗的文章，是由為各種不同的失去而傷逝的人執筆。
- 「國際自殺防治維基」（suicideprevention.wikia.org）是一個全球性的自殺預防熱線、線上聊天室、短訊和資源（包括為青少年和LGBTQIA*　團體

＊　譯注：指女同性戀、男同性戀、雙性戀、跨性別、性身分疑惑、無性戀者等「性小眾」。

提供資源）。

- 「翱翔精神國際組織」（soaringspirits.org）為喪偶者提供同儕支持和資源。

- 「崔馮・馬丁基金會」（Trayvonmartinfoundation.org）為那些因槍械暴力而失去孩子的家庭提供情感和經濟支持。

臺灣資源

- 免費心理諮詢電話:
  張老師24小時專線1980
  生命線24小時專線1995
  行政院衛生署24小時安心專線0800-788-995

- 大悲學苑（dabei.eoffering.org.tw）
  TEL：(02)2322-2525

- 台北市一葉蘭喪偶家庭成長協會（www.singleleaf.org.tw）
  TEL：(02) 2311-8572

- 台北市觀音線心理暨社會關懷協會（kuanyin-line.org）
  TEL：(02) 2768-7733(週一至週五14:00-17:00;19:00-21:00)

- 台灣癌症基金會（canceraway.org.tw）
  TEL：(02)8787-9907; (07)311-9137

- 失親兒福利基金會（orphan.org.tw）
  TEL：(02)2747-7555

- 社團法人台灣失落關懷與諮商協會（facebook.com/TACCLinTW）
  TEL：(02)2543-3535#3680

- 財團法人佛教蓮花基金會 （grief-asia.com）
  TEL：(02)2596-1212

- 陽光基金會（sunshine.org.tw）
  TEL：(02)2507-8006 (週一至週五08:30-17:30)

工具、提示和進一步教育

完整的法律文件就像你為你失去的那人寫的情書。它們可以幫助澄清決策和減少衝突（即使它不能消除你的痛苦，卻可減少你不必要的痛苦）。若需要實用、現實的忠告、檢核表、小技巧，以完成臨終規畫，例如：遺囑、預立醫療照護指示（advance care directives）和數位帳戶的管理計畫等，這些人人逃避卻又非做不可的事，請閱讀香奈兒・雷諾茲（Chanel Reynolds）的《What Matters Most》（最重要的是什麼）一書，或是上getyourshittogether.org網站。

如需詳細的自我照顧策略和很潮的同理心培訓工具，請上凱特・肯菲爾德的網站：katekenfield.com。

如果你喜歡第十七章中的練習，跟著線索追尋人生意義，那麼來自我的朋友強納森・費爾茲（Jonathan Fields）的優勢類型評估，還有更多東西可供探索。在goodlifeproject.com／sparketypes網站上就可找到。

如果你是一名治療師、醫療專業人員或第一線應變人員，你想了解如何為傷逝者提供更好的支持，請上here-after.com網站，前去查看最新的培訓資源。

關於處理創傷方面，有很多精彩的好書是寫給創傷倖存者和專業執業者的。欲知當前最受歡迎的精選書目，請查閱here-after.com/readinglists這個網頁所提供的閱讀列表。

下載檔案和線上畫廊

在here-after.com/journal網站上，你可以找到這本書上所有的剪貼與分享元素，下載列印。結語那封情書則有音源檔可供下載，也可以在這個連結中找到。

關於給傷逝者、悲傷導師和擬人化的悲傷等線上畫廊，請查閱這個網頁：here-after.com/galleries。

P73謎題的關鍵

```
F L E K N S G U B K O I C T R E E A H X S R Y
P T E A D O J L I A W F O U N D H E A R T S A
E S U P P O R T T E F A O K N I G W B C V E L
V L U E R D X M L K E M H N E O P N J S E T C
O T V H I N E O A P S I E W S D N T U Y X B M
M H R S E P M N T L C L W L K R O I L F C L E
I T S O K A Y T H A T Y O U R E N O T O K A Y
S D L R U L C M E T S W Q Y C S I D B I E N C
B C E I G W B C V I O T V Y A T U Z N E R K J
J S E L U E R D X T U Y T R O S R D R X N E U
U Y P K O I C T R U S U W C L Y N J C W I T F
L F M P W G W B L D A J S E T E G U W H C F E
R L O N I P N J P E P M U N S A H I N E M O S
B V R O L N T U B S A D W S H R L E T W L R C
L M E M O R Y F O B U A H M N S O P N J K T Y
K O I C V G E E W H J R U E R D X C V H I N E
I G R I E F V S F S O K V H I C E X R L E P M
E E T W Y G E C E R S H R S E P T U E R O X T
D P N J O U R S S I R U T R L E A W H I N V D
R C V H U O L L C E B M O I C T W R S E P M E
E W S D N W N E X R C O N N E C T I O N A Z P
T R E E S E P M U E R R I M H R S E P M N T S
```

國家圖書館出版品預行編目(CIP)資料

你不在，悲傷的我這樣生活：當心神離線、情緒潰堤，
　幫你找回所有需要的愛與寬容,守護生命中難以承受之
　慟 / 梅根‧德凡(Megan Devine)著；夏荷立譯.-- 初版.
　-- 新北市：方舟文化出版：遠足文化事業股份有限公
　司發行, 2022.04

　　面；　公分. -- (心靈方舟；37)
　譯自：How to carry what can't be fixed : a journal for grief

　ISBN 978-626-7095-22-5（平裝）

　1.CST: 心理治療法 2.CST: 悲傷

　178.8　　　　　　　　　　　　　　　　　111001889

心靈方舟 0037

你不在，悲傷的我這樣生活

當心神離線、情緒潰堤，幫你找回所有需要的愛與寬容，守護生命中難以承受之慟

How to Carry What Can't Be Fixed: A Journal for Grief

作　　者／梅根‧德凡 Megan Devine　　　　讀書共和國出版集團

插　　圖／娜亞‧伊斯梅爾 Naya Ismael　　　社長　郭重興

譯　　者／夏荷立　　　　　　　　　　　　發行人兼出版總監　曾大福

封面設計／職日設計　　　　　　　　　　　業務平臺總經理　李雪麗

內文設計／薛美惠　　　　　　　　　　　　業務平臺副總經理　李復民

封面題字／Faye Gao　　　　　　　　　　　實體通路協理　林詩富

主　　編／林雋昀　　　　　　　　　　　　網路暨海外通路協理　張鑫峰

行銷主任／許文薰　　　　　　　　　　　　特販通路協理　陳綺瑩

總 編 輯／林淑雯　　　　　　　　　　　　實體通路經理　陳志峰

　　　　　　　　　　　　　　　　　　　　印務部　江域平、黃禮賢、林文義、李孟儒

出 版 者　方舟文化／遠足文化事業股份有限公司

發　　行　遠足文化事業股份有限公司

　　　　　231 新北市新店區民權路 108-2 號 9 樓

　　　　　電話：(02) 2218-1417

　　　　　傳真：(02) 8667-1851

　　　　　劃撥帳號：19504465　戶名：遠足文化事業股份有限公司

　　　　　客服專線：0800-221-029　E-MAIL：service@bookrep.com.tw

網　　站　www.bookrep.com.tw

印　　製　通南彩印股份有限公司　電話：(02) 2221-3532

法律顧問　華洋法律事務所　蘇文生律師

定　　價　420 元

初版一刷　2022 年 4 月

方舟文化官方網站　　方舟文化讀者回函

特別聲明：有關本書中的言論內容，不代表本公司／出版集團之立場與意見，文責由作者自行承擔

缺頁或裝訂錯誤請寄回本社更換。

歡迎團體訂購，另有優惠，請洽業務部 (02) 2218-1417#1121、#1124

有著作權‧侵害必究

給你的信

在軟化中，在柔情中，我們恢復過來，變得可以承受痛苦和愛。讓我們的心可供驅使。臣服，不要抗爭。一切並不好，而我們就在這裡生受著，所以我們盡可能輕柔地示人。以柔情示人，面對現狀，軟化它。臣服。

悲傷不會顯示給你看，你已經迷失了方向。悲傷是道路。軟化你的心是一種激進的行為。去渴望擁有美麗、溫柔與善的東西。伸出你的手，看看會有什麼。拿出你的心，作為一個接納已經到來的處所。

此時此刻在這裡的是愛——它在這裡不是來讓事情變得更好的，不是來驅散悲傷的，不是來給你理由的。它就只是在這裡。

此刻愛就伴在你身邊，即使你感覺不到它，即使它似乎已經從視線中消失了。也許愛仍然以任何一種形式與在你同在——愛隱藏在一切之下。它沒有道理。我不認為它試著講道理。但在一切事物之下、周邊及其內都有愛。

也許這份愛知道，也許愛就在那裡，為你做好了最好的準備，為了未來，為了現在。也許你一直都是有伴的，在這一生中，透過各種形式的愛，不論任何時候。

你吸入了所有可供驅使的愛，這時候你會感覺到一股溫柔進入身體，升起來迎接你，環繞你的心、握住你的手。無限的愛。無限的柔情。

愛與你同在這裡。一份為你心碎的愛，就如它與你一起心碎。就在你身邊，就在這裡。你呼吸著所有可用的愛，所有的溫柔。我們用愛迎接痛苦，向愛敞開。

而我們一次又一次重返，選擇活在當下、感受當下，甚至接受這個——甚至這個。事事不盡如人意，而你就在這裡。

在愛中開始的，沿著這條路，在這條路上繼續。

願你懂得愛。
願你懂得寬容。
願你從苦難中解脫。

願你在持續不斷的試驗中仍懷抱著希望——相信有一種愛，它雖不能拯救你，但仍是你的避難所，你的家。

願你在這本手扎中找到的東西能幫助你，背負屬於你的東西活下去

這本手札

用來填上文字、畫上圖畫、隨身攜帶，作為你置身風暴中的船錨。這裡的圖表、清單是用來幫你理解你的悲傷，學習如何在悲傷中自我支持。不論你的人生面對過多少次失去，這都是第一次面對這種失去。對你的經歷要抱著好奇心。請記住，你隨時都可以複習這些練習。就像任何自然的過程一樣，悲傷會隨著時間轉移與變化，你對本書的提示產生的反應也是如此。

CONTENTS

　　即使你曾經在人生的另一段時期經歷過悲傷，以前也從未經歷過這樣特殊的故事。你的悲傷仍可能以一些有趣或令人困惑的方式表露出來。

　　請從下面列表，圈選或劃出你經歷過的症狀。除此之外，你還能添上什麼呢？

- 失眠
- 身體疲憊
- 時間流逝
- 困惑
- 傷心難過
- 憤怒
- 笨拙
- 一天到晚都在睡覺
- 焦慮
- 作惡夢
- 作緊張的夢
- 食欲不振
- 興味索然
- 感覺不屬於自己
- 見到什麼都吃
- 挫折感
- 不真實感
- 孤單寂寞
- 記憶喪失
- 胃痛、胸痛等身體不適
- 閱讀困難

- 注意力集中時間短
- 煩躁不安
- 高度敏感
- 幻疼幻痛
- 人際交往障礙
- 找不到人生意義
- 雞毛蒜皮小事都琢磨其深意
- 哭不出來
- 麻木無感
- 情緒起伏不定
- 噎到或嘔吐
- 日常工作似乎變很混亂
- 病態幽默
- 在車上大喊大叫
- 默默哭泣
- 自覺與人格格不入
- 感覺脾氣暴躁
- 東西買到一半將購物車棄置在雜貨樓層
- 對周遭的一切感到滿滿的愛
- 無法集中注意力

身與心

悲傷是一種全身性的體驗。你之所以會這麼累是有原因的；你的體力可能不如前，這是有原因的；你的注意力不集中，即便簡單的事也會讓你感到困惑，這是有原因的。你的心智試圖從那些沒有意義的事情中找出意義來；你的身體嘗試把不可能的事情裝進去裡面。你的全副身心都十二萬分地努力，只為了讓你熬過每一天。

利用下面的空白處，寫下悲傷對你身體與精神造成影響的方式。不妨就從「悲傷存在我體內……」這麼一句開始。

或者，你也可以在下方空白處畫出身體的輪廓，再用文字、圖畫或拼貼，描繪出悲傷的影響，找出它們在你的身體裡的位置。用文字或顏色區隔不同的症狀，再用箭頭，道出這些症狀存在於身體或心裡的位置。

如果你需要頭緒才能開始的話，可以回頭看看上頁那張症狀列表。

練習 2　文字是我的摯友

　　有時候，文字是最好的盟友，人反而不是。利用這兩頁蒐集你覺得有幫助或有意義的名言佳句。

願你能安全無虞地露出你的痛處，那是你為那些感覺得到卻看不到的人燃燒愛的地方。

在你的悲傷中，你必須把自己放在第一位。為了生存下去，你必須堅決關愛自己。

　　如果焦慮對你來說是個大問題，你可能會想要多探討一下。弄清楚自己如何與何時感到焦慮，將有助你減輕焦慮的嚴重程度。當你確實感到焦慮，它能夠幫你安慰自己。

　　如果不確定是什麼引發你的焦慮，不妨從記錄使你焦慮加劇的環境或情況開始下手。記下在焦慮減輕或不存在的日子裡，發生了什麼事，這點也同樣很重要——那幾天有什麼不一樣？

日期與時間	焦慮程度	是什麼讓它變得更糟？	是什麼讓它變得更好？

日期與時間	焦慮程度	是什麼讓它變得更糟？	是什麼讓它變得更好？

練習4　我的焦慮模式

　　繪製幾天的焦慮圖表後，從中找出反覆出現的主題。

　　對許多人來說，一旦過度勞累、吃不好，或是面臨多重挑戰，焦慮就會加重。

　　你的焦慮是否有模式可循？什麼時候更明顯？在你焦慮降低的那些天，是否有模式可循？列出你所注意到的事。

練習 5　展開保護界限

悲傷會讓你感覺自己身上彷彿到處都是孔洞，就好像所有的事都會影響你（而且還不是好的影響）。良好的界限（情感上、身體上和關係上的），有助於你對自己的經歷保有一種掌控感。

想像一下你在下面那個圓圈裡。畫出或寫下能幫助你感覺到平和的東西（或者至少不會激動）。在圓圈外的空間，畫出或寫下使你失去平衡的事情。

例如：在圈外，可以加上「無休無止地捲動網頁」或「鄰居咄咄逼人的提問」；在圈內，可以加上「置身在大自然的時光」或「創意Podcast」。

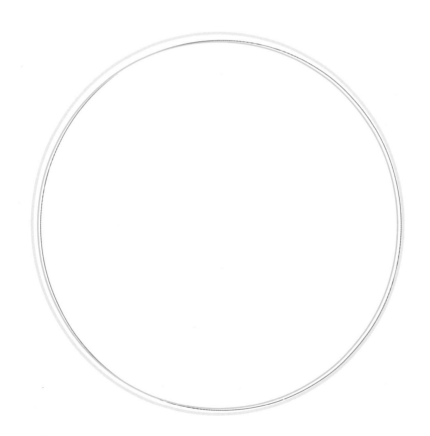

11

練習 6　停，來分心一下

在你需要用到之前，先擬好一張分心的選項表，這是一種了不得的自我照顧和寬容行為，只要一點點的努力就可以起到很大的作用。

在下面的舉例列表中，凸顯你已經嘗試過的項目；圈出你可能願意嘗試的；在底下畫線的地方添上其他活動。

- 做運動
- 看電視
- 聽聽新的 Podcast 節目
- 畫曼陀羅
- 小憩一下
- 做志工
- 為朋友烤點吃的
- 看一場電影
- 去海灘
- 在身上畫暫時性的刺青
- 征服一道複雜的食譜
- 在林中漫步
- 打電玩遊戲
- 讀幻想小說
- 逛書店
- 嘗試一種新的運動
- 上一堂從未上過的課
- 休息一下：逛逛畫廊或博物館
- 做做園藝
- 自駕遊
- 處理一項居家改造計畫
- 練習一種沒學過的語言
- 列出你所能想到的所有植物和動物

- 花時間去尋找善行或正向的事物
- 來一次美麗的尋寶之旅（找出三十件美麗的小東西）
- 找一個喜歡的部落格，閱讀所有的貼文

_____

_____

_____

_____

_____

_____

_____

_____

_____

_____

_____

_____

_____

_____

練習 7　情緒關機之後…

　　回顧你在練習6所完成的練習。想想你記錄下的所有活動，看這些活動是否符合分心或中斷情緒的條件——你往往採用哪些分心的活動？從事這些活動時，你的感覺如何？你希望是什麼感覺？你得到了你想要的嗎？

　　讓我們來找出答案。

　　也許在今天的「情緒關機」（Emotional off-switch）中，你去跑了步，還一邊聽Podcast；你希望跑步能減少焦慮，讓你今晚累到可以睡下；跑完步後，你肯定覺得很累，起碼在跑步的時候，你沒有感覺到任何焦慮的想法。如果把它畫出來，它看起來是這樣的——

我覺得	焦慮和疲憊
我想要	少些焦慮，多點睡眠
我選擇	跑了三英里，聽了一個小說Podcast
結果	累慘了，從焦慮的想法中得到解脫

　　有時候，你沒能從一項活動中得到你想要的。有可能你選擇收聽的Podcast內含一個出人意表的悲傷情節；也許在你狂追電視劇的時候吃掉一整個披薩，當下感覺很爽，卻完全破壞了你的睡眠。

　　你可能仍會為了短期的緩解選擇這些活動，但是了解潛在的後果可以讓你做出更明智的選擇。例如：你可能意識到，跑步會受傷，但是你為了懲罰自己還是決定要多跑。

　　定位圖可以告訴你，什麼地方出現的分心活動可能是一個警訊。

　　在這裡為你常用來情緒關機的活動定位——

我感到	_____
我想要	_____
我選擇	_____
結果	_____

我感到
我想要
我選擇
結果

我感到
我想要
我選擇
結果

我感到
我想要
我選擇
結果

我感到
我想要
我選擇
結果

我感到
我想要
我選擇
結果

我感到
我想要
我選擇
結果

練習 8 　適可而止

　　因為悲傷很強烈，所以麻木的海妖之歌可以很強烈。尋求解脫是健康的，全天候生活在夢幻之地則是不健康的。讓我們仔細看看你平時所做的分心活動。多少才算太過了呢？首先讓我們來看兩個例子。

活動	電影馬拉松
多久做一次？	全天候，每一天
結果如何？	這一天結束時，我感到昏昏沉沉，茫然而遲緩。

活動	強制性的積極
多久做一次？	我只允許自己保持這樣的心境。
結果如何？	你是什麼意思？一切都很好！

　　接著，在下面的空白處，寫出你平時從事的一些活動。用這個來幫助你，在有用的分心和完全走神之間找到應對方法。

活動	
多久做一次？	
結果如何？	

活動	
多久做一次？	
結果如何？	

活動	
多久做一次？	
結果如何？	

15

活動	
多久做一次？	
結果如何？	

活動	
多久做一次？	
結果如何？	

活動	
多久做一次？	
結果如何？	

活動	
多久做一次？	
結果如何？	

活動	
多久做一次？	
結果如何？	

活動	
多久做一次？	
結果如何？	

活動	
多久做一次？	
結果如何？	

練習 9　自我照顧宣言

如果要你寫一份自我照顧宣言，它會包含什麼？

在治療中，我常提醒人們注意飛航安全的這個比喻：「在遇到麻煩或危險的時候，先戴上自己的氧氣罩，再試著去幫助別人。」在你的悲傷中，**你必須把自己放在第一位**。為了生存下去，你必須堅決關愛自己。

自我照顧宣言是一份生存路線圖。

當你在悲傷中感到不知所措與迷失的時候，它是一種速記和航向的修正。當外界堅持你按他們的方式去做事，這是你對自己的支持和鼓勵，讓你忠於自己、堅決滿足自己的需求。它幫助你選擇寬容，而不是自我鞭笞。

自我照顧宣言可以簡短到只有幾個字：**練習寬容**。它也可以是一封寫給自己的情書，或是一張列有十來件需要記住的重要事項的清單。在下一頁擬一份自我照顧宣言。寫出風格來，寫得漂亮、寫得犀利。拍張照片，存在你的手機裡。設為筆電的背景圖；貼在冰箱上、貼得到處都是。

願你，寬待悲傷的自己。

練習 10　憤怒噴火指數

　　對很多人來說，與憤怒保持健康的關係是一塊新領域，單是認識自己的憤怒程度，就已經朝正確的方向邁出了一步。憤怒就如所有的情緒一樣，有起有落，會轉移和變化。

　　請在下面的憤怒量表上著色，顯示今天的憤怒程度：

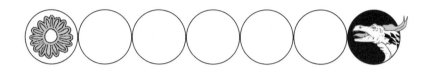

　　隔天，再為這個塗上顏色：

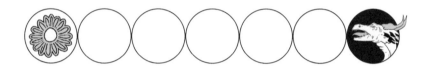

　　建立自己的憤怒量表，幫自己定期檢查。了解自己的憤怒程度，是與這個飽受詬病的情緒建立新關係的適當方式。

找出你的熱點！

　　憤怒有許多種形式，讓你發火的東西可能與讓別人發火的東西不同。

　　你可以在空白處添上讓你生氣的短語，或是本質上就令人沮喪的情況，例如：上法庭，或打電話給客服。

Date：
_____

Date：
_____

Date：
_____

Date：
_____

Date：
_____

Date：
_____

Date：
_____

Date：
_____

Date：
_____

練習 11　休息站

　　花點時間回顧一下到目前為止你在這本手札中所完成的工作。（即使沒有完成所有的工作，也不要擔心。這本書不是試題，這些練習也不是作業。只需看看你完成了什麼，不要為你沒有完成的感到壓力。）

　　是否有什麼進展，或是你以前沒看見的東西變得清晰了？

　　你對自己或是你的悲傷有什麼了解？有什麼讓你感到驚訝的嗎？

　　設定計時器，於下方空白處回答這些問題。如果覺得思路卡住了，或是需要一個起點，試著寫下「我沒想到會這麼難」、「我不知道自己需要……」或「我以為會找到……」。

　　如果你真的腦筋打結，可以試著寫「我不知道……」然後一遍又一遍把句子填完，需要寫多少次就寫多少次。

練習 12　社交迴避卡

　　即使你受邀參加一場社交活動，還是可能會感到尷尬：你不想獨處，又不太願意和「正常」人在一起。如果你正在為如何回覆邀請而糾結，從這些卡片裡可能會找到一張有幫助的。把這些卡片剪下來，根據需要分發（尤其是在適合來點黑色幽默或諷刺的時候）。按不同的場合將這些空白卡片做好。

我的人際新認知

　　雖然痛失至親摯愛並不是人生智慧的先決條件，但有些事情確實會在悲傷中得到明顯的緩解。也許你對他人更有同情心；也許比起失去之前，你現在更能夠說清楚自己的底線；也許你的失去讓你對人際關係或是對世界現狀有了新的領悟。

　　你從失去中學到了什麼？請在下面列舉出你的收穫。

我現在所知道的

悲傷是我「多帶的客人」。
你能否在你的

_____

留一個位置給它？

感謝你的邀請。
我太難過了，不能去參加。

很抱歉，我無法去赴你的

_____，

悲傷並不喜歡聚宴飲。

我不能去你的

_____。

別人的幸福令我難以靠近。

我現在無法和很多人待在一起。
要不要改為見面喝茶？

請過來參加我的

_____。

每一個人的傷心事我們都欣然接受。

如果你能給我一個幕後的工作，
我會去參加你的

_____

這樣對我來說比較好處理。

練習 13　說出你的需求

　　尋求幫助對你來說是什麼感覺？如果你和大多數人一樣，這麼做並不容易。記住，你的朋友**想要**幫你。他們希望你能讓他們愛你，以他們知所最好的方式。你可以開口尋求你需要的，沒關係。

　　為下面的訊息著上顏色。在它周圍畫畫、塗鴉或拼貼都可。拍照，存在手機裡，或是設為桌布，提醒自己去依靠你身邊的愛。

練習 14　讓他們幫忙

「如何幫助我」小冊

大多數人**確實**是出於好意，只是他們所做的事往好的說是無濟於事；往壞的說則是無禮或輕慢。

他們需要推一把，才會明白什麼是真正的幫助。

但是你正在哀痛。你又沒有那麼多的精力去教育別人，如何用最好的辦法支持一個傷逝的友人。甚至有可能連你都不知道自己的需要，你要怎麼告訴別人呢？

把這本簡便的小冊子遞給想要幫助你的親朋好友。如此一來，你就不需要浪費任何精力去解釋，為什麼「起碼你現在知道什麼是真正要緊的」這句話並不是一種有用的觀點。

請務必查閱小冊子上的「我不知道要如何幫忙」小單元，再添上親朋好友可以幫你做的具體事項。你可以添上，諸如：「週二晚上把資源回收垃圾拿到路邊去放」或「我們很希望每週幾個晚上能有人提供適合孩童吃的餐點」這一類的內容。請提供切實可行的建議給支持你的團隊。

填上你的特殊要求，然後剪下這一頁，影印，將影本折三折，折成小冊子的形狀，然後分發給大家。

瓶中信

有時候，一張意想不到的字條可以改變你的一整天，為一段艱困時期帶來一點點的輕鬆（甚至是幽默）。利用後面幾頁的明信片，給未來的自己寫幾封情書。

特殊的名言、表示肯定或鼓勵的便條也能提供很棒的訊息內容。沿著虛線剪下，將這幾頁印到厚卡紙上，添上你自己的訊息，寫上自己的地址，交給朋友，請對方每隔一段時間交付郵寄（或是自己寄給自己）。你很可能會忘了自己曾寫過了什麼，並對自己的先見之明感到驚訝。

我想幫助傷逝中的友人。

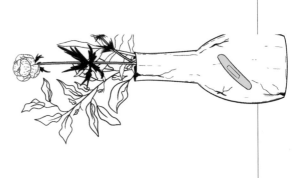

太棒了！

支持一個傷逝者是很辛苦的。看到你心愛的人如此痛苦實在很難過。無論你是泛泛之交，還是「緊急聯絡人」級的朋友，這本小指南將幫助你傳遞你最想給予的愛和支持。

但是我不知道該說些什麼！

沒有人知道對處於悲傷中的人說什麼是完美、正確的，世上也沒有十全十美的事。無論你說什麼或做什麼都不會讓一個人的悲傷消失。但沒關係。悲傷不是一個需要解決的問題，而是一段需要照料的經歷。你朋友最需要的是你的愛和支持、你的傾聽，以及你願意現身（無論你覺得有多尷尬）。

你可以說：
「很遺憾發生這種事。」

或說句：
「我在這裡，我在聽。」

或簡單地說：
「這真是糟透了。」

HERE AFTER

here-after.com
@hereaftersocial
This pamphlet © Megan Devine
For more resources, visit here-after.com
欲了解更多資源，請上：here-after.com

我不知道如何幫忙要如何幫忙。

以下是傷逝者提出的一些具體要求。問一問，或者主動提出幫忙，做些不在這份清單上的事更好。（採取行動之前，一定要徵得對方同意。）

- 安排送養
- 送食品雜貨
- 處理垃圾、堆肥、資源回收垃圾
- 遛狗／照料寵物、牲畜、花園
- 打掃衛生
- 照顧小孩或他們的玩伴
- 取送方藥
- 提供交通往返 ＿＿＿
- 幫助研究
- 處理賬戶或債權人問題
- 幫忙處理追悼會／葬禮
- 主持聚會
- 陪同一起去 ＿＿＿
- 過濾電話和短訊 ＿＿＿

我們的文化並不善於處理悲傷。我們不知道該怎麼做，所以就按照別人教我們的去做。我們看著光明的那一面；我們嘗試讓我們的善意，我們給他們忠告；我們嘗試讓對方振作起來——因為我們認為那是我們應該做的。我們不該讓對方沉浸在悲傷之中，對吧？

不幸的是，無論你是出於怎樣的善意，讓對方高興起來行不通的事實上，試圖迴避做會讓你的朋友感覺更糟。

這聽起來似乎很奇怪，但真正幫助對方的辦法是讓他們擁抱自己的痛苦，讓他們告訴你——這有多痛、有多難，而你不需要介入去清：讓悲傷淡化、或是化無。

如果你選擇接受它，你該做的就是見證，並且去抗拒那股身為人就想要解決問題或修正錯誤的衝動。件既美麗又可怕的事——別讓你身為人就想要解決問題或修正錯誤的衝動。

請記住，透過只是想給予支持，想要付出的心，去愛一個在痛苦之中的人，你就是在做好事。

傷逝者寧願你在不完美的支持中跌跌撞撞，也比你什麼都不說。支持，而不是讓自己什麼都不做。某描沒有什麼太大不了的，某描是好的。你不需要完美，只需在場就好。

以下是關於悲傷的一些事實：

- 當你失去所愛的人（或物）悲傷是一種健康、正常的反應。

- 悲傷讓人感覺不好並不意味著它不好。悲傷不是一種疾病或需要解決的問題。

- 悲傷持續的時間比你想像的要長得多。悲傷不會在六週、六個月甚至六年後結束。愛有多久，悲傷就有多久。

- 每個人的悲傷都是獨一無二的，就如同沒有哪段感情關係是一樣的，沒有人的悲傷是一樣的。

- 我們認為應該對傷逝者說的話，實際上大多弊大於利。

這裡有幾個選項：

- 分享一段記憶。不要迴避談論逝者。

- 更好的問題是「今天過得怎麼樣？」或「今晚有什麼能讓人感到安心？」避免問「你好嗎？」和「你真的好嗎？」

- 把生日、節日、週年紀念日的提醒存在手機裡，遇到這些日子，給朋友發送簡訊。

- 不要只等著在重要的日子才出現。隨便哪一天都行，告訴對方你在想著他。

- 即使朋友不想說話，也和這位朋友在一起。

- 留份愛心包裹給他們。零食、鮮花、小禮物。這些都很重要。

- 露面並對方說：「我愛你。如果你不知道怎麼做來了，我愛你，那麼即使感到幫不上忙我也願意。」這樣是沒關係的。

- 提供有形的、可靠的支持。

Some things cannot
be fixed.

They can
only be carried.

POSTAGE

@hereaftersocial

POSTAGE

@hereaftersocial

May there be a
tiny island of peace
inside your day.

POSTAGE

@hereaftersocial

POSTAGE

@hereaftersocial